子どもと作る！
かんたんクッキング

いただきます ごちそうさま 編集部・編

はじめに

　食べものへの子どもの興味を引き出すきっかけの一つに「クッキング」があります。ままごとあそびではない、本当のクッキングには「やってみたい！」と、子どもの心をグッと引きつける不思議な力があります。

　毎日の食卓で食べているものが一体どこから来たのか、どのように調理されたのかに目を向けることなく口にしている現代の食生活では、「食べる」こと自体に興味を失っている子どもが増えているのが現状です。

　クッキングは、調理する前の食材そのものにふれるよい機会になります。また、手先をたくさん使って多様な動きを経験することができます。そして何よりも、「できた！」という達成感が子どもの心を大きく成長させます。子どもによっては、見るのも嫌だった苦手な食べものを、「食べてみようかな」と思わせることさえあるのです。

　こうして、子どもの心が大きく変化していく様子を目の当たりにすることで、そこにかかわる大人は、子どものもつ力に驚かされるとともに、ジワジワと感動が込み上げてくるものです。

　クッキングのよさは理解していても、なかなか取り組めないでいる

先生方のお話もよく耳にします。そこで、本書では「保育室でできる」をコンセプトにした、はじめての活動でも取り組みやすいレシピを紹介しています。ある程度の調理器具は必要ですが、大掛かりな設備の必要がないレシピです。また、加熱調理中心ですので、衛生面の心配も少ないものばかりです。

　最初からすべての工程を子どもに体験させたいと思うと大変ですが、まずは簡単な下ごしらえや調理工程の一部を体験させて、あとは大人が作業する様子を子どもが見るだけでもよいでしょう。

　慣れてきたら、レシピのアレンジを楽しんだり、保護者や地域の方を巻き込んだ活動にまで発展できると、さらに活動が深まっていきます。

　楽しい活動にするためには、保育者が何度か試作を重ね、「ここがおもしろい」「ここが危ない」という予測をきちんともって、保育者自身が「楽しい！」「おいしい！」と思えるかどうかも、とても大切です。

　みなさまの園の食育活動が、本書によってさらに深まり、子どもたちの意欲や好奇心がよりいっそうくすぐられれば幸いです。

Contents
かんたんクッキング

本書の使い方

本書では、幼稚園や保育所でおこなう子どものクッキング活動に取り入れやすいレシピを集めました。調理室がない園でも取り組みやすい内容になっています。また、子どもの活動として可能なものを厳選して紹介しています。

「活動時間がとりにくい」「子どもの発達がともなわないので心配」という園は、全工程を子どもたちがやるのではなく、まずは一部の工程から始めてみることをおすすめします。

**レシピは子どもの発達に沿って
ホップ・ステップ・ジャンプの3つの段階で紹介しています。**

ホップ はじめてのクッキング活動でも無理なくできるレシピ4点。

ステップ 園で収穫することが多い食材や、扱いやすい旬の食材などを使ったレシピ15点。

ジャンプ ふだんは市販品を口にすることが多い加工食品を一から作るレシピ3点。親子イベントなど、大人数で活動すると盛り上がります。

アレルギー食材

レシピに使用している食材に、食品衛生法に示される食物アレルギーの特定原材料7品目と、特定原材料に準ずるもの18品目が含まれている場合に表記しています。

※本書では一般的な材料を想定して表記しています。市販の加工食品を使う場合、原材料がメーカーによって異なりますので確認をお願いします。

特定原材料 ……えび、かに、小麦、そば、卵、乳、落花生
特定原材料に準ずるもの……あわび、いか、いくら、オレンジ、キウイフルーツ、牛肉、くるみ、さけ、さば、大豆、鶏肉、バナナ、豚肉、まつたけ、もも、やまいも、りんご、ゼラチン

準備するもの

子ども4人分の分量を基本としていますが、レシピによっては作りやすい分量で紹介しています。チェック欄を設けているので、準備にお役立てください。

※右ページは、そのままコピーして配布すると、その日の活動や持ち帰りレシピとしても使えます。

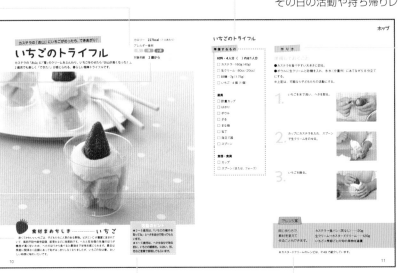

対象年齢

目安の年齢を入れています。個人差がありますので、目安としてご覧ください。

作り方

「準備しておくこと」は、可能なら子どもの活動にしてください。

食材まめちしき

活動中、子どもや保護者に伝えたい食材の知識をまとめました。
おたよりなどにもコピーしてそのまま使えます。

活動のヒント

保育者がおこなう導入のアイデアや、食育的な配慮について紹介しています。

アレンジ案

同じ作り方で食材を変えたり加えたりするアレンジ案などを紹介しています。レシピの活用範囲が広がります。

みんなで楽しむ！

にっこりレシピ

はじめての活動にぴったりの
らくらくクッキング

まずは、五感を使ってみる!

五感の働きは人間が生きていくうえで欠かせないもの。
調理活動では、五感をフルに働かせることによって、驚きや感動が子どもたちの感性を豊かにしていきます。

みる

人は新しいことを学ぶとき、まずは見ることから始めるといわれます。食材の大きさ、色、形などから、どんな味なのかを想像するのも楽しいものです。いろどりや盛りつけの美しい料理は、見た目からも食欲を刺激してくれます。

かぐ

果物を半分に切ったり、葉野菜を少しちぎったり、生で食べられる根野菜をかじったりして、においをかいでみます。
ふだんは気づかない、一つ一つの食材の香りから、新たな発見があるかもしれません。

さわる

豆腐のやわらかさ、まるごとかぼちゃのずっしり感など、体で感じてみましょう。緑のかぼちゃの中身が鮮やかなオレンジ色だったりなど、野菜には驚きがいっぱいです。種を見ることで、そこに新しい命が宿っていることを知る機会にもなります。

きく

玉ねぎや大根、キャベツなどいろいろな食材を切ってみると、それぞれの食材から全く違う音が聞こえてきます。また、調理器具を使う音もユニークです。トントン、シャカシャカ、グツグツ……。さあ、何を作っている音なのかな？

あじわう

食材を調理する前後の食感や味の違いなどを比較しながら味わってみましょう。どんな味がするのかをじっくり味わい、その体験を自分自身の言葉にすることで、豊かな表現力と感性が養われます。

カロリー **227kcal**（1人あたり）

アレルギー食材
（乳）（卵）（小麦）

対象年齢 **2歳から**

カステラの「お山」にいちごがのったら、できあがり！

いちごのトライフル

カステラの「お山」に「雪」のクリームをふんわり。いちごをのせたら「お山が高くなった！」。
2歳児でも楽しく「できた！」が感じられる、春らしい簡単トライフルです。

食材まめちしき ——— いちご

　赤くてかわいいいちごは、子どもたちに人気のある果物。ビタミンCが豊富に含まれて
いて、風邪予防や疲労回復、肌荒れなどに効果的です。へたと反対側の先端のほうが
糖度が高く甘いため、へたのほうから食べると最後まで甘味を感じられます。最近は
季節に関係なく店頭にあって旬がはっきりしなくなりましたが、いちごの旬は春。おい
しい時季に味わいたいです。

活動のヒント

★2〜3歳児は、「いちごの帽子を
取ってね」とヘタを自分で取っても
らいます。
★4〜5歳児は、ヘタを自分で取る
前に、いちごの観察を。におい、形、
色など言葉で表現してもらいます。

いちごのトライフル

準備するもの

材料・4人分 （　）内は1人分
- ☐ カステラ…160g（40g）
- ☐ 生クリーム…80cc（20cc）
- ☐ 砂糖…7g（1.75g）
- ☐ いちご…4個（1個）

道具
- ☐ 計量カップ
- ☐ はかり
- ☐ ボウル
- ☐ ざる
- ☐ まな板
- ☐ 包丁
- ☐ 泡立て器
- ☐ スプーン

食器・食具
- ☐ カップ
- ☐ スプーン（または、フォーク）

作り方

準備しておくこと

●カステラを食べやすい大きさに切る。

●ボウルに生クリームと砂糖を入れ、氷水（分量外）にあてながら8分立てにする。

※上記は、可能なら子どもたちの活動にする。

1. いちごを水で洗い、ヘタを取る。

2. カップにカステラを入れ、スプーンで生クリームをのせる。

3. いちごを飾る。

アレンジ案

同じ作り方で、素材を変えて作ることもできます。

カステラ→食パン（耳なし）……20g
生クリーム→カスタードクリーム……120g
いちご→季節ごとの旬の果物を適量

※カスタードクリームのレシピは、P.49で紹介しています。

ポンポンと弾ける音は、とうもろこしが怒っているのかな？

ポップコーン

ポップコーンが、とうもろこしから作られることを知らない子もいます。
シンプルに塩味で食べたあとは、好きなフレーバーで楽しみましょう。

カロリー　**755kcal**（分量全体）

アレルギー食材
乳

対象年齢　**2 歳から**

食材まめちしき ———— とうもろこし

　とうもろこしは、皮つきのものを求め、洋服を脱がすように子どもと皮むきをすると楽しいです。ヒゲは、粒の一つひとつにつながっているので、粒の数とヒゲの数は同じです。とうもろこしにはいろいろな種類がありますが、ポップコーンには一般的に「爆裂種」が使われます。粒全体が硬い皮でおおわれているのが特徴で、加熱すると中に含まれた少量の水分が水蒸気になって膨張し、皮が耐えきれなくなると「ポン」と破裂してポップコーンになります。

活動のヒント

★「音が出る」というのは内緒にしておき、「わーっ、とうもろこしが怒り出した！」などとびっくりして見せると楽しいですね。

★音を立てるまで少し時間がかかるので、「ゆっくりと 20 まで数えよう」「○○の歌をうたって待とう」など、とうもろこしが弾けるまで、楽しく待ちます。

ポップコーン

材料・作りやすい分量

- [ ] とうもろこし（爆裂種）…100g
- [ ] サラダ油…鍋底がしめる程度
- [ ] 塩…適量

＜キャラメルフレーバー＞

- [ ] 砂糖…45g
- [ ] 水…50cc
- [ ] 湯…50cc

＜カレーフレーバー＞

- [ ] バター…15g
- [ ] カレー粉…2g
- [ ] 塩…少々

＜青のりフレーバー＞

- [ ] バター…15g
- [ ] 青のり…適量
- [ ] 塩…少々

道具

- [ ] はかり
- [ ] ボウル
- [ ] 鍋（大）
- [ ] コンロ
- [ ] 鍋（小）
- [ ] スプーン
- [ ] バット

食器・食具

- [ ] 皿

作り方

準備しておくこと

●とうもろこしの粒を外しておく。

※上記は、可能なら子どもたちの活動にする。

1. 鍋（大）に油をひき、とうもろこしと塩を入れる。
フタをして強火にかけ、ポンポンと音がしてきたら弱火にし、焦げつかないように容器を揺する。音がしなくなったら火からおろす。

キャラメルフレーバーを作る

鍋（小）に砂糖と水を入れてかき混ぜ、砂糖が溶けたら中火〜弱火にかける。ふちが焦げてきたら火から外して湯を一度に加え、それをプレーンのポップコーンにまわしかけ、手早く混ぜてバットに広げる。

※やけどの恐れがあるので、子どもは少し離れて見るようにします。

カレーフレーバー・青のりフレーバーを作る

溶かしたバターとプレーンのポップコーンを絡ませる。カレー粉と塩、青のりと塩をそれぞれ振りかけて絡ませ、バットに広げて冷ます。

アレンジ案

ポップコーンを使ったアレンジレシピ

サラダにトッピング
千切りキャベツをマヨネーズであえ、塩味やカレー味のポップコーンをのせる。

スープにトッピング
クリームタイプのスープにプレーンのポップコーンを浮かべてクルトン風にする。

エビせんべい

赤い桜エビがきれいな、シンプルなおやつ。2〜3時間干してから食べるので、
「お日さまのパワーをもらってもっとおいしくしようね」と、待っている時間も楽しめます。

カロリー　**70kcal**（1人あたり）
アレルギー食材
小麦　えび　大豆
対象年齢　**2歳から**

活動のヒント

★桜エビは小さくても、目やヒゲがあります。観察して、味見もしてみます。
★しょう油をつけて焼くときは、おせんべい屋さんのような、おいしいにおいが。焼き上がりを待つ間、「おせんべいやけたかな」の手あそびを。

食材まめちしき ―――――― 桜エビ

　目やヒゲがあって、赤くてかわいい桜エビ。エビの赤ちゃんのように見えますが、大きいエビとは種類が違います。たんぱく質、鉄、亜鉛などの栄養素を含んでいますが、特に豊富なのが、丈夫な骨や歯をつくる働きのあるカルシウムです。皮をむかず、そのまま食べられるため、栄養成分をむだなく摂取できます。選ぶときは、着色していないものを。

エビせんべい

材料・4人分（　）内は1人分
- □ ごはん…150 g（37.5g）
- □ 桜エビ（素干し）…5 g（1.25g）
- □ ゴマ…小さじ 1（適量）
- □ しょう油…適量

道具
- □ 計量スプーン
- □ はかり
- □ 炊飯器
- □ ボウル
- □ スプーン
- □ ラップ
- □ ざる
- □ ホットプレート
- □ ターナー（または、トング）

食器・食具
- □ 皿

作 り 方

準備しておくこと

●ごはんを炊く。
※上記は、可能なら子どもたちの活動にする。
※ごはんは温かいものを使う。

1. ごはんに桜エビとゴマを混ぜる。

2. **1**を10等分にして丸めたものを、ラップにはさんで手のひらで押して薄く伸ばす。ラップをはずし、ざるなどにのせて天日で2〜3時間干す。

3. ホットプレートを160℃に熱して両面を20分ほど焼く。片面ずつしょう油を塗り、両面を焼いて焼き色をつける。

アレンジ案

同じ作り方で、桜エビをほかの素材を変えて作ることもできます。

ちりめんじゃこの場合…15g
ひき割り納豆の場合…40g
かつお節の場合…3g

15

焼きりんご

りんごを輪切りにすると、どんな形になるのか想像力を働かせて！
焼いて食べると、どんな味かな？　びっくりがたくさんのレシピです。

カロリー　**29kcal**（1人あたり）
アレルギー食材
（乳）（りんご）
対象年齢　**2歳から**

食材まめちしき ——————— りんご

　「1日1個のりんごは医者知らず」ということわざがあるほど、栄養豊富なりんご。食物繊維のペクチンが豊富に含まれ消化を助けてくれるので、おなかの調子が悪いときに、すりおろして食べると効果的です。重くて形がよく、おしりのくぼみが深いものがおいしいとされます。エチレンガスを放出するため、そのまま冷蔵庫に入れるとほかの野菜や果物の成熟を早めてしまいます。冷蔵庫に入れる場合はビニール袋などに入れましょう。

活動のヒント

★りんごは丸ごとを、さわったり色の変化を見たり、においをかいだりしたあと、子どもたちの前で輪切りにします。
★切る前に、「種はどうなっているかな？」「どんな形？」など想像させて盛り上げてから切るようにします。

焼きりんご

準備するもの

材料・4人分（ ）内は1人分

- ☐ りんご
  …厚さ1cmの輪切り4枚（1枚）
- ☐ バター…4g（1g）
- ☐ 粉砂糖…適量

道具

- ☐ はかり
- ☐ 包丁
- ☐ まな板
- ☐ クッキーの型
- ☐ ホットプレート
- ☐ ターナー（または、トング）
- ☐ 茶こし

食器・食具

- ☐ 皿
- ☐ フォーク

作り方

準備しておくこと

●りんごを厚さ1cmの輪切りにして、塩水（分量外）につけておく。

1. りんごの中央をクッキーの型で抜いて芯を取る。

2. ホットプレートを160℃に設定してバターをひき、**1**をのせて両面を焼く。

3. 全体に火が通ったら、皿にのせて茶こしで粉砂糖をふる。

アレンジ案

同じ作り方で、
りんごをほかの素材を変えて
作ることもできます。

バナナの場合…2本
オレンジの場合…厚さ1cmの輪切り4枚
パイナップルの場合…厚さ1cmの輪切り4枚

ステップ

「できた！」が子どもをいきいきさせる

わくわくクッキング

あらう

スジをとる

むく

わる

できるかな？

危なっかしい手つきにハラハラして、
ついつい手や口を出してしまいそうに……。
安全面での配慮は第一ですが、
好奇心を尊重することも忘れずに心がけて。
「できた！」という体験をいっぱいさせてあげることで、
子どもの心は育まれます。

はかる

そそぐ

まぜる

する

18

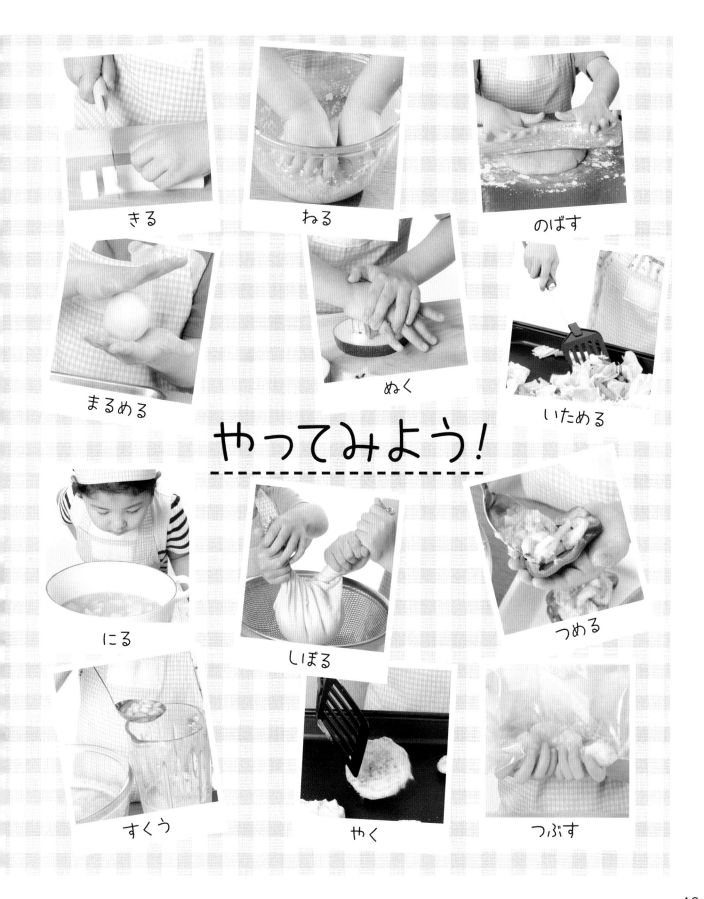

きる

ねる

のばす

まるめる

ぬく

いためる

やってみよう!

にる

しぼる

つめる

すくう

やく

つぶす

きれいなオレンジ色のジャムができた！

にんじんジャム

美しいにんじんの色が食欲をそそります。
野菜のアレンジレシピは、苦手克服の手掛かりになりそう。

カロリー	**1117kcal** （分量全体）
アレルギー食材	
なし	
対象年齢	**3歳から**

食材まめちしき ………… にんじん

　にんじんに豊富に含まれるカロテンは、皮膚を丈夫にし、免疫力を高める効果がある栄養素。皮と身の間にたっぷり含まれているので、皮ごと食べることをおすすめします。また、生で食べるより加熱したほうが、体に吸収されやすくなります。独特なにおいで嫌われることが多いにんじんですが、酸味を加えることでにおいが抑えられて食べやすくなり、酢や柑橘系の果物、ヨーグルト、梅干しなどと相性がよいです。

活動のヒント

★可能であれば、畑からとったばかりの葉つきのにんじんを手に入れて、観察してみましょう。どんなふうに畑で育ったのか、みんなで想像してみます。
★ミキサーにかける工程は、おもしろくて子どもの興味を引きます。「5、4、3、2、1、0！」とみんなでカウントダウンして、スイッチを入れると楽しいです。

にんじんジャム

準備するもの ・・・・・・・・・・・・・・・

材料・作りやすい分量
- □ にんじん…500g
- □ 砂糖…250g
- □ レモン汁…大さじ2

道具
- □ 計量スプーン
- □ はかり
- □ ボウル
- □ ピーラー
- □ 包丁
- □ まな板
- □ 鍋
- □ コンロ
- □ ミキサー
- □ おたま

食器・食具
- □ 保存用の容器

作り方

準備しておくこと
●にんじんの皮をむき、2cm のいちょう切りにする。
※上記は、可能なら子どもたちの活動にする。

1. 鍋ににんじんと、にんじんがかぶるくらいの水（分量外）を入れて、やわらかくなるまで煮る。

2. 1をミキサーに移して攪拌（かくはん）する。

3. 2を鍋に移し、砂糖とレモン汁を加え、中火にかけて焦がさないようにかき混ぜながら1時間ほど煮て水気を飛ばす。

アレンジ案

同じ作り方で、
にんじんをほかの素材を変えて
作ることもできます。

	トマトジャム	かぼちゃジャム
	トマト……500g	かぼちゃ……500g

野菜炒め

手でちぎったり、スジをとったり、包丁を使わずにできる春野菜を使ったレシピです。
味つけもシンプルに、素材本来の味を楽しみましょう。

カロリー　**34kcal**（1人あたり）

アレルギー食材

卵

対象年齢　**3歳から**

食材まめちしき……スナップえんどう

えんどう豆には3つのタイプがあります。若いさやを食べるもの（さやえんどう）、未熟な豆を食べるもの（グリーンピース）、成熟した豆を乾燥させて食べるもの（青えんどう、赤えんどう）。スナップえんどうは、さやと豆を食べる改良品種です。ビタミンCはトマトの3倍もあり、カロテンも豊富です。スジとりは簡単にできるので、子どものちょっとしたお手伝いにはもってこいの食材です。

活動のヒント

★「中には何があるのかな?」と、スナップえんどうとさやえんどうの豆を取り出して観察してみます。
★野菜の下処理は、手作業でできるので、低年齢児にもおススメのレシピです。
★炒めるときは、音、におい、食材の変化に興味をもたせながら声をかけていきます。

野菜炒め

準備するもの

材料・4人分（　）内は1人分

☐ 卵…1個（12.5g）

☐ さやえんどう…12本（3本）

☐ スナップえんどう…12本（3本）

☐ アスパラガス…4本（1本）

☐ キャベツ…2枚（1/2枚）

☐ サラダ油…適量

☐ 塩・こしょう…各適量

道具

☐ 鍋

☐ コンロ

☐ ボウル

☐ ホットプレート

☐ ターナー

食器・食具

☐ 皿

☐ フォーク（または、はし）

作り方

準備しておくこと

●卵をゆでて、みじん切りにする。

※上記は、可能なら子どもたちの活動にする。

1. さやえんどうとスナップえんどうはスジをとる。アスパラガスは根元を折り、さらに食べやすい長さに折る。キャベツは食べやすい大きさにちぎる。

2. ホットプレートを170℃に熱して油をひき、さやえんどう、スナップえんどう、アスパラガスを炒める。しんなりしたら、キャベツを加えて炒め合わせ、塩・こしょうで味つけする。

3. 皿に盛りつけ、卵を散らす。

アレンジ案

様々な旬の食材で野菜炒めを作ってみましょう。

（夏）	（秋）	（冬）
パプリカ……1個	しいたけ……2枚	白菜……4枚
とうもろこし……1本	まいたけ	にんじん……1/2本
ズッキーニ……1本	しめじ ｝ 各1/2パック	小松菜……4株
	えのきだけ	

豆腐入りおこのみ焼き

たっぷりのキャベツと豆腐で、栄養バランスがとれたレシピです。
みんなでワイワイと楽しく焼くうちに、野菜嫌いな子どもも思わず食べてしまうかも？

カロリー	180kcal（1人あたり）

アレルギー食材

卵　小麦　大豆　りんご

対象年齢　**2歳から**

食材まめちしき —————— キャベツ

　1年中店頭で見かけるキャベツですが、時季により味が違います。春は、巻きがゆるやかでやわらかく甘味があります。逆に、冬はギュッと詰まって全体が固く、さっぱりとした味わいです。胃酸の分泌を抑え、肝臓中の有害な脂肪を減少させる効果があるので、古くから「食べる胃腸薬」として利用されてきました。大きいほど味がよくなるので、ずっしりと重い大きなものを選びましょう。

活動のヒント

★丸ごとのキャベツの葉を1枚ずつはがして並べ、全部で何枚あったか、まわりと中の葉と色の違いなど、観察を楽しんでから料理をします。
★豆腐は料理する前に、何でできているか、においや感触を味わいます。

24

豆腐入りおこのみ焼き

準備するもの

材料・4人分（　）内は1人分

- □ 絹ごし豆腐…100g（25g）
- A
  - □ 薄力粉…150g（37.5g）
  - □ 卵…1個（1/4個）
  - □ 水…150cc（37.5cc）
  - □ かつお節…大さじ3（適量）
  - □ キャベツ…1/8個（31g）
- □ サラダ油…適量
- □ ソース…適量
- □ マヨネーズ…適量

道具

- □ 計量スプーン・カップ
- □ はかり
- □ 包丁
- □ まな板
- □ ボウル
- □ 泡立て器
- □ ゴムべら（または、菜ばし）
- □ スプーン
- □ ホットプレート
- □ ターナー（または、トング）

食器・食具

- □ 皿
- □ はし（または、フォーク）

作り方

準備しておくこと

● キャベツを粗みじん切りにする。
● 卵を割り、溶く。
※上記は、可能なら子どもたちの活動にする。

1. 豆腐をボウルに入れて、泡立て器でトロトロになるまで混ぜる。

2. Aを加えて混ぜる。

3. ホットプレートを170℃に熱し、油を薄くひいたら、2をスプーンで丸くのせて焼く。5分ほど焼いたら裏返して、両面を焼く。焼きあがったら、皿にのせて、ソースとマヨネーズをトッピングする。

アレンジ案

ほかの野菜を刻んで加えると、季節の味を楽しむことができます。

春／グリーンピース20g、新玉ねぎ1/2個
夏／なす1個、ピーマン1個
秋／きのこ100g
冬／白菜2枚、れんこん40g

ソラマメ蒸しパン

カロリー　**235kcal**（1人あたり）

アレルギー食材

（乳）（卵）（小麦）

対象年齢　**2歳から**

蒸しパンの頂上にちょこんと「ソラマメくん」を飾ります。
さやからソラマメを出すのをゆっくりと楽しんで。「蒸し」を「虫」と思っている子もいて、そこから会話が広がります。

食材まめちしき ……… ソラマメ

　さやが空に向かって実るため「ソラマメ」という名前がついたとされています。さやから出すと鮮度が落ちるので、ゆでる直前に出すようにします。さやにちょっと割れ目を入れておくと、子どもでも簡単にさやから出すことができます。ゆでたものを食べきれない場合は冷凍しておくこともできます。薄皮は固く、口当たりが悪いので、食べないことが多いようですが、食物繊維を多く含んでいます。旬のものは比較的やわらかいので食べてみましょう。

活動のヒント

★畑で収穫前の様子を見て、名前の由来について考えてみるとおもしろいです。
★生地を入れるときは、カップを下に置いてスプーンを使います。初めての活動では、「こぼさないようにゆっくりとね」と、保育者が手本を見せてからおこなうとよいです。

ソラマメ蒸しパン

準備するもの ·············

材料・4人分（　）内は1人分
- ☐ ソラマメ…約4さや（約1さや）
- ☐ 卵…1個（12.5g）
- ☐ 牛乳…120cc（30cc）
- ☐ サラダ油…12cc（3cc）
- ☐ ホットケーキミックス …160g（40g）
- ☐ スライスチーズ…1枚（1/4枚）

道具
- ☐ 計量スプーン・カップ
- ☐ はかり
- ☐ コンロ
- ☐ 鍋
- ☐ ザル
- ☐ ボウル
- ☐ マッシャー（または、フォーク）
- ☐ ゴムべら
- ☐ スプーン
- ☐ カップ型
- ☐ 蒸し器

食器・食具
- ☐ 皿

作り方

1. ソラマメをさやから出し、ゆでて薄皮をむく。

2. ボウルに卵を割りほぐし、牛乳と油を加えて混ぜる。そこにホットケーキミックスを加えて混ぜ合わせる。1の、飾り用の4粒を取り分けてからつぶしたものを混ぜる。

3. カップ型に8分目まで2を流し入れ、蒸気のたった蒸し器に並べて12～13分蒸す。

4. 粗熱を取ったら、4等分に切ったチーズをのせ、飾り用のソラマメを飾る。

アレンジ案
生地を蒸さずにホットプレートで焼くとパンケーキになります。

ビニール袋の上から、じゃがいもをつぶす作業が楽しい！

じゃがもち

じゃがいもがもっちりしたお餅のように変身します。
「あれ、お餅って何からできている？」「これは何で作った？」などと会話が膨らみます。

カロリー **127kcal**（1人あたり）

アレルギー食材

乳　小麦　大豆

対象年齢　**2歳から**

食材まめちしき ―――― じゃがいも

じゃがいもは土の中で育ちますが、根ではなく茎です。じゃがいものビタミンCは、熱に強く、料理をしても壊れません。芽や緑色のところには毒性がありますので深くえぐりとってください。品種が豊富にあるので、「今日のじゃがいもの種類はなんだろう？」と料理の前に観察したり、タワシでゴシゴシと洗うなどお手伝いしてもらいましょう。

活動のヒント

★メークインと男爵を用意して、じゃがいもの種類の違いを観察します。
★片栗粉は、使う前に観察します。小麦粉とも違う感触をさわって確かめてみます。

28

じゃがもち

材料・4人分（　）内は1人分

- ☐ じゃがいも…2個（1/2個）
- ☐ 片栗粉…24g（6g）
- ☐ バター…20g（5g）
- ☐ 塩…少々
- ☐ 海苔…3cm角4枚（1枚）
- ☐ しょう油…適量

道具

- ☐ はかり
- ☐ ピーラー
- ☐ まな板
- ☐ 鍋
- ☐ コンロ
- ☐ ザル
- ☐ ボウル
- ☐ ビニール袋
- ☐ ホットプレート
- ☐ はけ（または、スプーン）

食器・食具

- ☐ 皿

作り方

1. じゃがいもの皮をむき、やわらかくゆでる。

2. **1**の粗熱がとれたら、ビニール袋に1人分ずつ入れ、片栗粉、バター、塩を加え、じゃがいもをつぶしながら混ぜる。

3. 袋から取り出して平たく丸め、片面に海苔を貼る。

4. ホットプレートで両面を焼いて、しょう油を塗る。

アレンジ案

さらに素材を加えると、
違った味わいを楽しめます。

ベーコン……2枚
桜えび……5g
ツナ缶……40g

トマトとヨーグルトのゼリー

カロリー　**23kcal**（1人あたり）

アレルギー食材
乳　ゼラチン

対象年齢　**4歳から**

トマトとヨーグルトの酸味がさわやかで相性バツグンの味わいです。
「ゼラチン」を入れて冷蔵庫で冷やすとプルンプルンのゼリーに変身します。

食材まめちしき ―――――― トマト

夏野菜の王様、トマト。赤い色は「リコピン」という成分によるものです。リコピンには、がんや動脈硬化などを予防する効果があるといわれています。さらに、風邪予防や疲労回復などに効果的な栄養素も豊富に含まれており、「トマトが赤くなると医者が青くなる」ということわざもあるほど。スープやソースにして煮込むとおいしいのは、うま味成分のグルタミン酸が豊富なため。魚や肉が加わると、さらにうま味が増しておいしくなります。

活動のヒント

★トマトの湯むきに挑戦します。まずは、子どもたちの前でやって見せて「熱いお風呂に入れたら10数えるよ」「すぐに冷たいお水に入れてあげようね」「あらあら、ツルンと皮がむけて裸んぼうになっちゃった」……といった感じで、楽しく話しながらおこないます。

トマトとヨーグルトのゼリー

準備するもの

材料・4人分（ ）内は1人分

☐ トマト…200ｇ（50g）

☐ レモン汁…少々（適量）

☐ 粉ゼラチン…5g（1.25g）

☐ ヨーグルトドリンク…60cc（15cc）

道具

☐ 計量スプーン・カップ

☐ はかり

☐ 鍋

☐ コンロ

☐ ザル

☐ ボウル

☐ 包丁

☐ まな板

☐ ミキサー

☐ 泡立て器

☐ スプーン

☐ ゼリーの型

☐ 冷蔵庫

食器・食具

☐ 皿

☐ スプーン

アレンジ案

同じ作り方で、
トマトとレモン汁を
にんじんジュースに変えて
作ることもできます。

にんじんジュース……100cc

作り方

準備しておくこと

●ヘタを取ったトマトを、沸騰したお湯（分量外）にさっとくぐらせて、水を張ったボウルに入れる。

1. トマトの皮をむき、ざく切りにして、種を取る。

2. **1**とレモン汁をミキサーに入れて撹拌（かくはん）する。

3. 粉ゼラチン半量に、水大さじ1.5（分量外）を加えて湯せんで溶かし、**2**の100ccと混ぜ合わせる。ゼリーの型に流し入れ、40分ほど冷蔵庫に入れて冷やし固める。

4. 残りのゼラチンを**3**と同様に溶かす。ボウルにヨーグルトドリンクとゼラチンを入れて混ぜ合わせ、**3**に注ぎ入れ、冷蔵庫で1時間ほど冷やし固める。

ピーマンカップのグラタン

ピーマンを器に見立てて具材を入れていくのが楽しい料理です。グラタンといっても、調理工程のむずかしいホワイトソースではなく、具材を混ぜるだけのラクラクレシピです。

カロリー	**71kcal**（1人あたり）

アレルギー食材

乳　小麦

対象年齢　**4歳から**

食材まめちしき――――ピーマン

独特な苦味があるので、子どもたちに嫌われやすい食材です。選ぶときは、ヘタがピンとしてみずみずしく、全体の緑色が濃くてツヤとハリがあるものを。最近見かけるようになった赤いピーマンは、緑色のピーマンを完熟させて収穫したものです。甘味があり食べやすいので、苦手な子は赤いピーマンからチャレンジするのもよいかもしれません。

活動のヒント

★ピーマンを切る前に、「ピーマンのおなかの中には何があるかな？」などと質問してみます。ピーマン嫌いの子は多いですが、種を取ることから、ピーマンと子どもとの距離を縮めていきます。
★オーブントースターで焼きあがる様子を見てみます。グラタンがふくらんだりチーズが溶けたりする変化が楽しいです。

ピーマンカップのグラタン

準備するもの

材料・4人分（　）内は1人分

- ☐ ピーマン…2個（1/2個）
- ☐ うどん…80g（20g）
- A
  - ☐ クリームコーン（缶詰）…76g（19g）
  - ☐ ツナ（缶詰）…32g（8g）
  - ☐ 塩・こしょう…各少々
- ☐ チーズ（ピザ用）…8g（2g）

道具

- ☐ はかり
- ☐ 包丁
- ☐ まな板
- ☐ ボウル
- ☐ バット
- ☐ キッチンばさみ
- ☐ ゴムべら
- ☐ スプーン
- ☐ アルミホイル
- ☐ オーブントースター

食器・食具

- ☐ 皿
- ☐ フォーク（または、スプーン）

アレンジ案

同じ作り方で、
クリームコーンをほかの素材に
変えて作ることもできます。

マヨネーズの場合……60g
生クリームの場合……100cc

作り方

準備しておくこと

- ●缶詰をあけ、食材をボウルに移す。
- ●うどんをゆでる。
- ●ピーマンをたて半分に切る。

※上記は、可能なら子どもたちの活動にする。

1. ピーマンの種とワタを取る。

2. うどんをキッチンばさみで3cmくらいの長さに切る。

3. 2にAを加えて混ぜ、1にスプーンで詰めてチーズをのせる。

4. オーブントースターで3〜4分焼く。

ごはんをトントン突いたらお餅みたいになっちゃった！

きな粉とゴマのおはぎ

きな粉とゴマのあっさりした甘味の和風おやつ。
お餅をきな粉やゴマでお化粧するみたいに、やさしく転がします。

カロリー　**103kcal**（1人あたり）

アレルギー食材

大豆

対象年齢　**2歳から**

食材まめちしき ———— **餅米**

　お餅は知っていても、餅米を知らない子どもは多いものです。普通のお米と見比べてみると、新しい発見があるかもしれません。お餅は日本の行事と切り離せない食材で、正月、節分、桃の節句、端午の節句などに食べる風習があります。また初午、田植え、七夕、お彼岸、刈り入れなどにも喜ばれる食材です。「おはぎ」「ぼたもち」と2通りの呼び方がありますが、実は同じ料理で、食べる時季によって呼び方が違うのです。おはぎは萩の季節である秋のお彼岸に、ぼたもちは牡丹の季節である春のお彼岸に作ります。

活動のヒント

★炊く前の普通のお米と餅米を観察したら、それぞれを炊いたごはんを食べ比べ、味の違いを確かめます。
★お餅を転がすときは、大きめのバットに広げて複数人で同時にできるように設定します。2～3歳児は、1人ずつお餅を入れた器に、きな粉とゴマをかけていきます。

きな粉とゴマのおはぎ

準備するもの

材料・4人分（　）内は1人分

☐ 餅米…60g（15g）

☐ うるち米…30g（7.5g）

A ┌ ☐ きな粉…6g（1.5g）
　├ ☐ 砂糖…4g（1g）
　└ ☐ 塩…少々

B ┌ ☐ 黒すりゴマ…6g（1.5g）
　├ ☐ 砂糖…4g（1g）
　└ ☐ 塩…少々

道具

☐ はかり

☐ 炊飯器

☐ じゃもじ

☐ ボウル

☐ すりこ木

☐ バット

食器・食具

☐ 皿

☐ はし（または、フォーク）

作り方

準備しておくこと

●餅米とうるち米を合わせて洗い、普通のごはんと同じ水加減（分量外）で炊く。

※上記は、可能なら子どもたちの活動にする。

1. ごはんを2等分してボウルに入れ、粒が少し残る程度まで、すりこ木でつぶす。

2. 1をそれぞれ4等分にして、手に水をつけて丸める。

3. AとBをそれぞれ別のバット入れ、2を転がしながらまぶしつける。

アレンジ案

きな粉やゴマを、枝豆（ずんだ）のあんに変えても作ることもできます。

ずんだあんの作り方

枝豆……200g
砂糖……15g
塩……少々
水……大さじ1

ゆでた枝豆のさやと薄皮をむき、すり鉢に砂糖と塩を一緒に入れて、すりこ木でつぶして混ぜる。

いもようかん

栄養たっぷりのさつまいもを、おいしい和菓子に変身させました。
型抜きして盛りつければ、ちょっとしたおもてなしにも使えます。

カロリー	**859kcal** （分量全体）
アレルギー食材	
なし	
対象年齢	**3歳から**

食材まめちしき ……… さつまいも

　食物繊維が豊富でビタミンB1・C・E、カリウムなども含まれ栄養バランスがすぐれた食材です。特にビタミンCは、さつまいも1本でりんごの5倍以上。その上ほかの野菜に比べて熱に強いので、調理の幅も膨らみます。皮の部分は特に栄養価が高いので、皮ごと食べるようにするとよいですね。寒さには弱いため、常温保存がおすすめです。新聞紙にくるみ、段ボール箱に入れ、風通しのよいところに置きましょう。畑でとったものは、土を落とさず表面をよく乾かしてから保存します。

活動のヒント

★寒天は、棒寒天を用意して、子どもたちとちぎって水に戻しても楽しいです。寒天はテングサやオゴノリという海の草を煮て作っていることも伝えます。
★ピーラーは、さつまいもを支えている手に近づけすぎないように注意します。

いもようかん

準備するもの

材料・作りやすい分量

☐ さつまいも…400g

☐ 水…200cc

☐ 粉寒天…4g

☐ 砂糖…100g

道具

☐ 計量カップ

☐ はかり

☐ ピーラー

☐ 包丁

☐ まな板

☐ 鍋

☐ コンロ

☐ マッシャー（または、フォーク）

☐ 泡立て器

☐ ボウル

☐ おたま

☐ ようかんを入れる型

　（牛乳パックなど）

☐ クッキーの型

食器・食具

☐ 皿

☐ はし（または、フォーク）

アレンジ案

同じ作り方で、さつまいもを
ほかの食材に変えて
作ることもできます。

かぼちゃの場合……400g
じゃがいもの場合……400g

作り方

1. さつまいもは皮をむいて1cm幅に切り、さっと洗ってから、かぶるくらいの水（分量外）を加えてやわらかくなるまでゆでる。
※皮をむいたさつまいもを切るのは、保育者がします。

2. **1**をざるにあけて水気を切り、ボウルに入れて熱いうちに細かくつぶす。

3. 鍋に分量の水を入れ、粉寒天を加えてふやかす。中火にかけ、煮立ったら砂糖を加えて弱火にして混ぜて砂糖を溶かす。

4. **2**に**3**を加えて混ぜ合わせ、水で濡らした型に流し入れて冷まし、冷蔵庫で1時間ほど冷やし固める。型から取り出して切り分け、中央をクッキーの型で抜く。

かぼちゃのビスケット

かぼちゃの甘さで砂糖の分量が少なくてすむ野菜のビスケット。
ホットプレートでしっとりと焼き上げて、温かいうちにパクリ！

カロリー	**70kcal**（1枚あたり）

アレルギー食材

対象年齢 **3歳から**

食材まめちしき ……… かぼちゃ

かぼちゃといえば冬至に食べることから、冬が旬と思われがちですが、収穫期は夏〜初秋です。色の濃いものほど、肌や粘膜を丈夫にして風邪予防にも効果的なカロテンが多く含まれており、ビタミンB群・C・E、食物繊維なども豊富です。保存性にすぐれているので、かつては収穫したかぼちゃを冬まで保存し、野菜の少ない時季の貴重な栄養源にしていました。

活動のヒント

★かぼちゃは、できるなら丸ごとを用意して、みんなで持ったり表面をさわったり、どんな中味なのかを想像してみたりして、観察します。
★ホットプレートのふたをしたら、手をたたいて数をかぞえたり、歌をうたって待ちます。生地を焼く様子に目がいくよう声をかけていきます。

かぼちゃのビスケット

材料・約4cm角8枚

☐ かぼちゃ…40g

☐ バター…40g

☐ 砂糖…20g

☐ 薄力粉…80g

道具

☐ はかり

☐ 包丁

☐ まな板

☐ スプーン

☐ 蒸し器

☐ コンロ

☐ マッシャー

☐ ボウル

☐ ゴムべら

☐ ふるい

☐ めん棒

☐ クッキーの型

☐ ホットプレート

☐ ターナー(または、トング)

食器・食具

☐ 皿

アレンジ案

同じ作り方で、かぼちゃを
さつまいもに変えて
作ることもできます。

さつまいも……40g

作 り 方

準備しておくこと

●かぼちゃのワタを取り、蒸す。

●バターを、室温でやわらかくする。

※上記は、可能なら子どもたちの活動にする。

1. ボウルにバターを入れ、砂糖を加えてすり混ぜ、つぶしたかぼちゃを加えてゴムべらで混ぜ合わせる。さらに、ふるった薄力粉を加えて混ぜ合わせる。

2. 打ち粉(分量外)をしてからめん棒で厚さ5mmくらいに伸ばす。

3. クッキーの型で抜く。

4. 150℃に熱したホットプレートに**3**を並べ、ふたをして7分、裏返して2分焼く。

イガイガの洋服がパカッと割れて、中からおいしい実が現れた！

くりの焼きドーナツ

油で揚げないヘルシーな焼きドーナツです。
くりの風味が食欲をそそって、焼き上がりが待ち遠しい一品です。

カロリー **184kcal** （1人あたり）
アレルギー食材

対象年齢 **4歳から**

食材まめちしき ——— くり

　日本でのくりの歴史は古く、縄文時代から食べられていたようです。実が成熟するとしぜんにイガが裂けて、中から固い実が1〜3個ずつ現れます。選ぶときは、光沢があってずっしりした重みのあるものが、新鮮でおいしいとされています。鬼皮や渋皮は固くてむきにくいので、一晩水につけてやわらかくしてからナイフを使うと、むきやすいです。

活動のヒント

★可能ならイガつきのくりを手に入れて観察します。そのあと、生のくりや火を通して変化した様子を確認します。
★生地は1人分ずつに分け、手でペタペタと薄くしてから型を抜いてもOKです。残った生地は、集めて好きな形にして焼きます。

40

くりの焼きドーナツ

準備するもの

材料・4人分（　）内は1人分

- □ バター…15g（3.75g）
- □ くり
  …皮をむいたもの 4個（1個）
- □ 砂糖…小さじ1（0.75g）
- □ 卵…1/2個（6.25g）
- □ ホットケーキミックス
  …120g（30g）

道具

- □ 計量スプーン
- □ はかり
- □ 包丁
- □ まな板
- □ ボウル
- □ ゴムべら
- □ めん棒
- □ ドーナツの型
  （コップやペットボトルのキャップ）
- □ ホットプレート
- □ ターナー（または、トング）

食器・食具

- □ 皿

作り方

準備しておくこと

- ●バターを、室温でやわらかくする。
- ●くりを粗く刻む。

※上記は、可能なら子どもたちの活動にする。

1. ボウルにバターと砂糖を入れて、よくすり混ぜ、卵を加えてさらによく混ぜる。そこへ、ホットケーキミックスを加えて、ゴムべらで粉気がなくなるまでさっくりと混ぜ合わせ、くりを加えて手でよく混ぜる。

2. 打ち粉（分量外）をした台に生地をのせ、手のひらで押して平べったく伸ばし、めん棒で1cmくらいの厚さに伸ばす。

3. コップ（直径5cmくらい）とペットボトルのキャップなどでドーナツの形に抜く。160℃に熱したホットプレートにのせ、ふたをして弱火で5分焼いて裏返し、さらに5分焼く。

アレンジ案

同じ作り方で、くりをりんごに変えて作ることもできます。

りんご……すりおろし1/5個

大根のポタージュスープ

ピーラーと包丁のレッスンにピッタリのメニューです。
グツグツ煮込んで、保育室においしいにおいを漂わせて！

カロリー	**181kcal**（1人あたり）

アレルギー食材

乳　小麦　大豆　牛肉　鶏肉

対象年齢　**3歳から**

食材まめちしき ── 大根

　栄養素が少なく、ほとんどが水分の大根ですが、消化を助けるジアスターゼやアミラーゼなどの酵素類が多く含まれています。それらの酵素は、でんぷん質の分解を助けてくれるので、おなかにうれしい食材です。葉には、カルシウム、鉄、カリウムなど、ミネラルが豊富に含まれています。葉つきの大根があれば、捨てずに活用しましょう。ゆでて、細かく刻み、ちりめんじゃこと一緒に炒めてふりかけにすると、便利に使える一品となります。

活動のヒント

★大根の皮はむきやすいので、ピーラーの練習にピッタリです。
★食パンは、細長く切っておき、包丁でサイコロぐらいのサイズに子どもたちが切るようにしてもよいです。

大根のポタージュスープ

準備するもの

材料・4人分 （　）内は1人分

- ☐ 大根…150g（37.5g）
- ☐ 玉ねぎ…1/4個（12.5g）
- ☐ バター…5g（1.25g）
- ☐ 水…150cc（37.5cc）
- ☐ 固形スープの素…1/2個（1/8個）
- ☐ 塩・こしょう…各少々
- ☐ 牛乳…150cc（37.5cc）
- ☐ 生クリーム…100cc（25cc）
- ☐ サンドウィッチ用の食パン
  …1枚（1/4枚）

道具

- ☐ 計量カップ
- ☐ はかり
- ☐ ピーラー
- ☐ 包丁
- ☐ まな板
- ☐ 鍋
- ☐ コンロ
- ☐ ミキサー
- ☐ クッキーの型
- ☐ オーブントースター

食器・食具

- ☐ カップ（または、スープ皿）
- ☐ スプーン

作り方

準備しておくこと

●大根と玉ねぎは皮をむき、子どもが切りやすい形状に切っておく。

1. 大根は1cmの厚さのいちょう切り、玉ねぎは薄切りにする。

2. 鍋に中火でバターを溶かし、玉ねぎを加えて弱火にして炒める。玉ねぎが透き通ったら大根を加えて炒め、大根がしんなりしたら水と固形スープの素を加え、ふたをして中火にかける。

3. 沸騰したら弱火で20分煮たあと、ミキサーで攪拌（かくはん）し、塩・こしょうで味つけして、牛乳と生クリームを加えて混ぜ、鍋に戻して温める。

4. 食パンを4等分に切り、クッキーの型で抜いてオーブントースターで焼き、スープに浮かべる。

アレンジ案

同じ作り方で、大根をほかの素材に変えて作ることもできます。

各食材、大根と同量の150g
かぶ、グリーンピース、にんじん、じゃがいも、かぼちゃ

カロリー **2509kcal** （分量全体）

アレルギー食材

卵　　乳

対象年齢 **3歳から**

すりすりと、しょうがをすりおろすのが楽しい！

ジンジャー&セサミクッキー

しょうがのにおいが苦手な子も、ゴマと一緒に香ばしいクッキーにしてみたら、
意外に食べられることも。すりおろしが楽しくて、低年齢児でも参加しやすいレシピです。

食材まめちしき ────── しょうが

　しょうがは、薬効のある食材として昔から重宝されてきました。漢方薬の原料などにも、よく使われています。血行をよくして体を温めたり、風邪や冷え症の予防に効果的で、特に寒い季節におすすめの食材です。また、殺菌効果も高く、寿司にガリが添えられるのは食中毒を防ぐためだとか。保存するときは、水気をよくふきとって、ラップで包み、冷蔵庫に入れておきます。

活動のヒント

★大きめのしょうがを用意し、調理の前ににおいをかいだり、さわったりして観察します。
★すりおろしは、「1人10まで」など合図を決めて順番にします。まるく手を動かしていきます。

ジンジャー&セサミクッキー

準備するもの

材料・作りやすい分量

- [ ] バター…90g
- [ ] 卵…1と1/2個
- [ ] しょうが…15g
- [ ] 砂糖…100g
- [ ] 米粉…270g
- [ ] 黒ゴマ…30g
- [ ] 白ゴマ…30g

道具

- [ ] はかり
- [ ] ボウル
- [ ] おろしがね
- [ ] 泡立て器
- [ ] ゴムべら
- [ ] めん棒
- [ ] クッキーの型
- [ ] ホットプレート
- [ ] ターナー

食器・食具

- [ ] 皿

アレンジ案

同じ作り方で、
素材を変えて
作ることもできます。

米粉→小麦粉…100 g
ゴマ→おから…240 g

作り方

準備しておくこと

●バターを、室温でやわらかくする。
●卵を割り、溶く。
※上記は、可能なら子どもたちの活動にする。

1. しょうがをすりおろす。

2. ボウルにバターを入れ、泡立て器でクリーム状になるまで練り、砂糖を加えてよく混ぜ合わせる。
さらに溶き卵と**1**を加えて混ぜ、米粉を加えてゴムべらで混ぜ合わせたら、生地を半分に分けて、一方に黒ゴマ、もう一方に白ゴマを加えて混ぜ合わせる。

3. 打ち粉（分量外）をしてからめん棒で5mmくらいの厚さに伸ばし、クッキーの型で抜く。

4. 150℃に熱したホットプレートに並べて片面を3分ほど焼き、裏返して2〜3分を焼く。

手作り豆腐

豆腐は大豆から作るってホント?!

丸い大豆がどうやって四角い豆腐に変身するのか、子どもたちは興味深々！
加工食品の不思議を体験します。

カロリー　**432kcal**（分量全体）

アレルギー食材

大豆

対象年齢　**4歳から**

食材まめちしき —— 大豆

　「畑の肉」ともいわれる大豆。豆類の中でも脂質とたんぱく質が豊富です。また、整腸作用や便秘予防の効果のある食物繊維、疲労回復や、脳・神経機能を正常に働かせる効果があるビタミンB1、丈夫な骨や歯をつくるカルシウム、疲労や貧血予防効果のある鉄分なども豊富に含んでいます。大豆は、納豆、みそ、油揚げ、しょう油など、ふだんの食事によく登場する様々な食品に加工されます。食卓に並んだメニューの中に大豆から作られた食品があるかどうか、子どもと一緒に考えてみるのも楽しいですね。

活動のヒント

★水に浸す前の大豆を観察したり、牛乳パックやペットボトルに入れて音を楽しみます。ひたしたあとの大豆と比べてみると、変化が楽しめます。
★「にがり」は大豆からとった豆乳を固まらせる不思議な液体。海水から抽出した塩化マグネシウムを主成分とする凝固剤です。海の水からできていることを伝えます。

46

手作り豆腐

準備するもの

材料・牛乳パックの型1個分

☐ 大豆…300g

☐ 水…900cc

☐ にがり…15〜20cc

道具

☐ 計量カップ

☐ はかり

☐ ボウル

☐ ミキサー

☐ 麻袋

☐ ざる

☐ 鍋

☐ コンロ

☐ 木べら

☐ 温度計

☐ ふきん

☐ おたま

☐ 型…牛乳パックで作れます

☐ 重し…水を入れたペットボトルなど

☐ バット

食器・食具

☐ 皿

☐ はし（または、スプーン）

作り方

準備しておくこと

●大豆をよく洗い、前日から水にひたしておく。

※上記は、可能なら子どもたちの活動にする。

1. ミキサーに大豆と豆がひたるくらいの水を入れて攪拌（かくはん）する。

2. 1を鍋に入れて、水を加えて2〜3分煮たら、麻袋に入れて絞る。絞った汁を火にかけて、75℃くらいに温め、にがりを3回に分けて入れ、ゆっくりと混ぜる。

3. 牛乳パックの型に濡れたふきんを敷いて、2を流し込み、重しをのせて水分を抜く。水分が抜けたら、型から取り出し、水に浮かせてにがりをとる。

手作りアイテム

豆腐の型

用意するもの

…牛乳パック（1L）1個

1. 側面を切り取って展開し、注ぎ口のある上部をカットして折りたたみ、箱型にしてガムテープで止める。

2. 底面に穴を開ける。

白くてフワフワ、まるで雲を食べているみたい！

マシュマロ

カロリー　**863kcal**（分量全体）
アレルギー食材
（卵）（ゼラチン）
対象年齢　**4歳から**

卵白を泡立てると、石けんの泡のようなメレンゲになり変化が楽しめます。
マシュマロが卵からできている驚きを子どもと一緒に体験してください。

食材まめちしき ──────── 卵

　卵は、様々な場面で便利に使える栄養豊富な食材です。白玉と赤玉がありますが、色による栄養価の違いはなく、ニワトリの種類によるものです。鮮度を見分けるヒントはいくつかありますが、割ったときに、白身と黄身がこんもりと盛り上がっているもの、白身に強い弾力がありかき混ぜてもなかなか混ざらないもの、黄身の表面にシワの少ないものなどが新鮮です。卵を割り、かき混ぜて、焼くだけで、一品料理ができるので、達成感を味わえる子どものクッキングにうってつけの食材です。

活動のヒント
★メレンゲを作るときは、最初は子どもたちの前でやって見せ、ある程度泡ができてきたら、子どもたちにも泡立ててもらいます。
★年長児の活動では、市販のマシュマロと食べ比べたり、使われている材料を比べて、手作りすることの楽しさやよさを伝えます。

マシュマロ

材料・20 × 15cm のバット 1 枚分

- [ ] 卵白…卵 2 個分
- [ ] 砂糖…200g
- [ ] 粉ゼラチン…20g
- [ ] コーンスターチ…適量

道具

- [ ] はかり
- [ ] ボウル
- [ ] 泡立て器（あればハンドミキサーも）
- [ ] ゴムべら
- [ ] クッキングシート
- [ ] バット
- [ ] 冷蔵庫
- [ ] クッキーの型

食器・食具

- [ ] 皿

卵を黄身と白身に分ける方法

ペットボトルの口を黄身に近づけて吸い上げると、かんたんに黄身だけを取り出せます。

作 り 方

準備しておくこと

●クッキングシートをバットの大きさに敷く。

●鍋に水 100cc（分量外）を入れて粉ゼラチンをふり入れ、ふやかしておく。

※上記は、可能なら子どもたちの活動にする。

1. 卵白を泡立て、白っぽくふんわりしたら砂糖大さじ 1 を加え、角がピンと立つまでしっかりと泡立てる。

2. ふやかしたゼラチンを弱火にかけて溶かし、残りの砂糖を加えて混ぜ、煮立てないように混ぜながら砂糖を煮溶かす。これを、**1** に少しずつ注ぎながら泡立て器でゆっくりと混ぜ、バットに流し入れて冷蔵庫で 20 ～ 30 分冷やして固める。

3. 表面にコーンスターチをまぶし、シートごと取り出して裏返してまな板の上にのせる。シートをはずし、コーンスターチをまぶしたら、好みのクッキーの型で抜く。

※型で抜いた切れ端のマシュマロは、フライパンで溶かし、シリアルを混ぜてクッキングシートにひと口大にしてのせて乾かすと、カリカリのシリアルボールに大変身！

調理のコツ

卵黄を活用！ カスタードクリーム

●材料
牛乳…120cc　　　　卵黄…卵 2 個分
バニラエッセンス…少々　砂糖…40g
コーンスターチ…大さじ 2

●作り方
1. 牛乳にコーンスターチを加えて溶かす。
2. 別のボウルに卵黄と砂糖を入れてよく混ぜ、**1** を加え、泡立て器で混ぜる。
3. 鍋に **2** をこし器を通して入れ、中火にかけ、泡立て器で絶えず混ぜながら煮る。

とろみがついてフツフツと泡が出てきたら、火から下ろし、手早く混ぜてツヤを出す。
4. 熱いうちに氷水（分量外）を張ったボウルに鍋底をつけ、ゴムべらで練り混ぜながらバニラエッセンスを加える。

ジャンプ こんなのできた！ すごいぞクッキング

食べもののことを もっと 考えてみる！

うどん

ピザ

何から
できているの？

ほかには
何ができるかな？

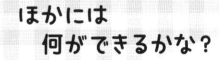
小麦粉

ドーナツ・パイ

料理をする前に、「うどんは何からできているのか」「ピザはどうやって作るのか」など、材料や調理法にも興味を向けます。

何だろう？

ホットケーキ

料理に使う、または使った材料を1つ取り上げ、たとえば、小麦粉から作られる食べものにはほかにどんなものがあるか、みんなで出し合います。

家庭でも作る機会の少ないレシピにチャレンジする機会には、材料や作り方だけでなく、
育ちや流通にまで、会話を広げてみます。

だれが
作ったの？

どうやって
はこぶの？

パン

パスタ

どこで
売っているの？

食べものが自分の口に入るまでには、
たくさんの人の手がかかっているこ
と、太陽や水など、自然の力が必要
なことにも興味を向けます。

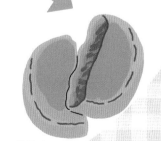

おやき

なるほど！

にこにこピザ

身近な食材で作れる簡単なピザ生地です。
思い思いのトッピングで、世界に一つだけのピザをデザインしてみましょう。

カロリー	**450kcal**（1人あたり）

アレルギー食材

乳　小麦

対象年齢　**4歳から**

食材まめちしき ―――― 夏野菜

　トマトとなすは、水分が多くミネラルも豊富。暑くなった体を冷やしてくれる夏バテ予防に効果のある野菜です。露地栽培のトマトはハウス栽培より栄養価が高く、赤い色素のリコピンには抗酸化作用があります。なすは、皮に弾力があり、ヘタが黒く痛いくらいにトゲのあるものが新鮮とされています。ピーマンのビタミンCは加熱しても壊れにくいのが特徴です。どの野菜も一年中手に入れることができますが、旬のおいしさを味わうことで、食材のもつ本来の力を感じてみましょう。

活動のヒント

★強力粉と薄力粉をさわって比べてみます。違いはわかりにくいですが、強力粉はパンなどに、薄力粉はケーキやクッキーなどに使う粉で、小麦粉にも種類があることを伝えます。
★ピザ生地の材料は1人分に分けておき、それぞれが生地作りを経験できるようにします。

にこにこピザ

準備するもの

材料・4人分（　）内は1人分

- ☐ 強力粉…100g（25g）
- ☐ 薄力粉…100g（25g）
- ☐ 塩…小さじ1（1.25g）
- ☐ オリーブオイル…大さじ2（6g）
- ☐ 水…100cc（25cc）
- ☐ トマトケチャップ…30cc（7.5cc）
- ☐ チーズ（ピザ用）…160g（40g）
- ☐ なす…1本（20g）
- ☐ ピーマン…1個（10g）
- ☐ ミニトマト…8個（2個）

道具

- ☐ 計量スプーン・カップ
- ☐ はかり
- ☐ 包丁
- ☐ まな板
- ☐ ボウル
- ☐ ラップ
- ☐ スプーン
- ☐ ホットプレート
- ☐ ターナー

食器・食具

- ☐ 皿
- ☐ フォーク

作り方

1. ボウルに強力粉、薄力粉、塩を入れて指でざっと混ぜる。そこに、オリーブオイルと水を合わせて加え、練り混ぜる。

2. 粉っぽさがなくなったら、手のひらで押すようにしてよくこねて、なめらかな生地にする。ラップに包んで室温で30分ほどねかせる。

3. 生地を4等分し、丸めてから少しずつ広げていく。

4. 台の上で手のひらで押して2〜3mmの厚さに丸く伸ばす。

つづく

53

5.

なす、ピーマンを食べやすい大きさに切る。

6.

4 にケチャップを塗る。

7.

6 にチーズをのせ、5、ミニトマトを自由にトッピングする。

8.

ホットプレートを 180℃ に熱し、フタをして 10 分ほど焼く。

アレンジ案

ピザはソースやトッピングを変えることで、
いろいろな味わいを楽しめます。
ここでは、おやつにもうれしいデザートピザを紹介します。

スイーツバナナピザ（4 枚分）

ピザ生地
バナナ……2 本
はちみつ（または、メープル
シロップ）……30cc
チーズ（ピザ用）……160g

1. ピザ生地に、はちみつを塗り、チーズを広げてのせ、輪切りのバナナを並べる。
2. ホットプレートを 180℃ に熱し、フタをして 10 分ほど焼く。

アウトドアでピザを焼いてみよう

ピザは、夏のお泊り保育や野外クッキングなどのイベントのレシピとしてもおすすめです。
子どもたちと一緒に「段ボールオーブン」を手作りして焼けば、一大イベントになります。

段ボールオーブンの作り方と焼き方

準備するもの

材料

- ☐ 段ボール箱
  （りんごの箱など、丈夫なもの）
- ☐ 両面テープ
- ☐ アルミホイル（アルミ製の
  揚げものフェンスでも可）
- ☐ ガムテープ
- ☐ 針金（バーベキュー用の
  金串でも可）
- ☐ 網
- ☐ アルミ皿
- ☐ 炭
- ☐ れんが

作り方

1. 段ボール箱の内側の面に両面テープをつけ、隅からアルミホイルを貼りつける。

2. 箱を拡げた場合は元の状態に戻し、箱を縦にして上から1/4の高さのところに針金を2本刺して、その上に網をのせる。

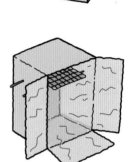

> 注：破れそうなところは、アルミホイルを二重にする。
> アルミホイルを重ね合わせた箇所やすき間があれば、上からガムテープを貼る。

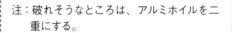
ピザをのせる

焼き方

1. おこした炭をアルミ皿にのせ、れんがを敷いて箱に入れる。

2. アルミホイルにピザをのせ、焼き網の上にのせて熱気が逃げないようにフタを閉める。
※フタが開かないよう、ガムテープなどで軽くとめる。

3. 15分程度焼けばでき上がり。

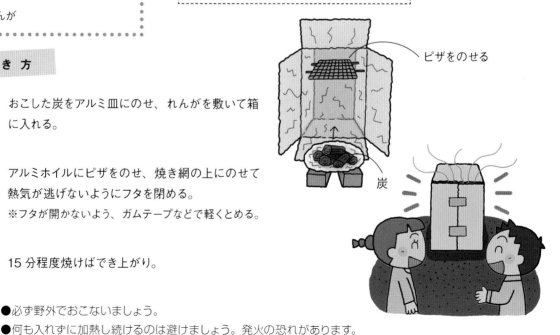
炭

注意！
- ●必ず野外でおこないましょう。
- ●何も入れずに加熱し続けるのは避けましょう。発火の恐れがあります。
- ●炭以外の熱源（カセットコンロやバーナーなど）は使用しないでください。
- ●アルミホイルを貼るのに、接着剤を使わないようにしましょう。有毒ガスが発生する恐れがあります。

カロリー **423kcal**（1人あたり）

アレルギー食材

小麦　大豆

対象年齢　**4歳から**

足でふむ感触が、なんだかとっても気持いい！

手打ちうどん

足でふむのに手打ちうどん?!
保護者と一緒のときなど、大人数でリズミカルに「ふみふみ」するのが楽しい。

食材まめちしき ────昆布とかつお節

　どちらも、おいしいだしのとれる食材ですが、毎日の料理にきちんとだしをとるのは大変、という方も多いでしょう。それでも、だしのおいしさは子どもたちに伝えたいものです。時間に余裕があるときだけでも、きちんとだしをとって、食材本来の味わいで味覚を刺激してください。2cm角に切った昆布とかつお節を急須に入れ、熱湯を入れてしばらく待つと、簡単においしいだしがとれます。

活動のヒント

★レシピ通りに取り組むと、達成感の高い活動になります。ただし、それがむずかしい場合は、子どもたちに体験させたい部分を選んで、活動してみてください。
★親子イベントなどで取り組んでもおもしろい活動です。保護者との連携や保護者同士のコミュニケーションにも、つながります。

手打ちうどん

準備するもの

材料・4人分（　）内は1人分

うどん

☐ 薄力粉…200g（50g）

☐ 強力粉…200g（50g）

☐ 塩…15 g（3.75g）

☐ 水…160cc（40cc）

汁

☐ 昆布

　　…10×5cm角を1枚（1.5g）

☐ 水…500cc（125cc）

☐ かつお節…20 g（5g）

☐ さといも…2個（1/2個）

☐ ごぼう　1/4本（10g）

☐ にんじん　1/2本（20g）

☐ 大根…6cm（25g）

☐ 塩…小さじ1/4（適量）

☐ しょう油…大さじ2（9g）

☐ ねぎ…10cm（5g）

道具

☐ 計量カップ　　☐ まな板

☐ はかり　　　　☐ バット

☐ ボウル　　　　☐ ざる

☐ キッチンばさみ　☐ 鍋

☐ ビニール袋(厚手)　☐ コンロ

☐ ふきん　　　　☐ 菜ばし

☐ めん棒　　　　☐ おたま

☐ 包丁

食器・食具

☐ どんぶり

☐ はし（または、フォーク）

作り方

うどんを作る

1. 大きいボウルに薄力粉、強力粉を入れて中央にくぼみを作り、くぼみに水と塩を混ぜたものを少量ずつ加えて、指で混ぜ合わせる。

2. 全体に水分がいき渡るように混ぜながら生地をまとめていく。軽く打ち粉をした台に取り出し、両手で体重をかけるようにしてこねる。

3. 2をビニール袋に入れ、空気が抜ける程度に封を開けて足で20分ほど踏む。
一度、生地をたたんで再び袋に戻し、5分ほど踏む。さらに、生地をたたんで、再び3分ほど踏んだら、ビニール袋から出し、生地に濡れふきんをかけて2時間ほど休ませる。

4. 台に打ち粉（分量外）をして3をのせ、めん棒で厚さが均一になる様に平らに伸ばし、3mmくらいの厚さに伸ばす。

つづく

5. 8cm 幅くらいになるようジャバラに折りたたむ。

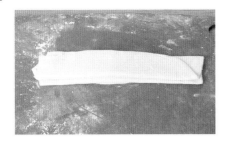

6. 5 を、太さを均一にして、好みの太さに切る。くっつかないように粉をふって両手で軽くさばく。

煮汁を作る

1. 昆布は表面の汚れを拭いて、繊維に逆らうように切り込みを入れ、鍋に水と一緒に入れる。30 分〜 1 時間ひたしたあと、中火にかける。沸騰前に昆布を取り出す。

アレンジ案

うどんの生地を手でちぎって煮込むと、すいとんになります。

2. 1 にかつお節を入れ、弱火で煮る。アクが出てきたら取る。だしが取れたら、ふきんなどでこして、鍋に移す。

3. さといもは皮をむき一口大に、ごぼうは皮をそぎ落して厚さ 5mm の斜め切り、にんじんと大根は皮をむいて厚さ 5mm のいちょう切りにする。鍋に 2、さといも、ごぼう、にんじん、大根を入れて中火で煮る。沸騰したら弱火にして野菜がやわらかくなるまで煮たら、塩としょう油で味をととのえる。

4. ゆでて水気を切ったうどんと斜め切りのねぎを入れ、煮立ったら火を止める。

だしをとって味比べをしてみよう

うどんのつゆ作りの機会に、「日本のだし」を子どもたちに味わってもらいましょう。
だしは、「うま味」と言って、甘味、塩味、酸味、苦味の5つの基本の味の1つです。

（水400ccに対する分量）

□ かつお節…カップ1/2

□ 昆布…3〜7cm（ハサミで切れ目を入れ、
　前日から水につけておく）

□ 煮干し
　…8〜10本（頭とはらわたを取り除く）

□ 干ししいたけ
　…4〜5g（あらかじめ水につけておく）

□ 味見用の小皿や小さい紙コップ

導入

子どもたちに「だし」のイメージを聞いてみましょう。
「だしってなんだろう？」
「かつお節や煮干しを知ってる？」
「これなんだ？　このまま食べるのかな？」

活動 **1**

だしの材料にふれてみよう

だしの材料を、だし取り用とは別に用意しておき、
さわったりにおいをかいだり、形を見たりします。
かつお節は、可能なら削り器とかつお節本体を用
意して、みんなで削ってみましょう。

「どんなにおいかな？」
「さわった感じはどう？」
「海から来たものはどれ？　山から来たものは？」

活動 **2**

だしを味見してみよう

小さな紙コップに、だしを少しずつ入れたものを、
全員分4種類用意します。

●1種類ずつ、においをかいでから味わう。
「どんな味がする？」
「においはどう？」
と聞いて、子どもなりの言葉で表現してもらう。
●どのだしの味か、当てっこしてみる。

最後に、「これがうま味といって、料理のおいしさ
の秘密だよ」「うどんのつゆもだしがたっぷり入っ
ているよ」などと伝えます。

ころころだんご、かわいく丸まった！

おだんご

行事食として登場することの多いだんご。
まずは、きな粉でいただく**基本**のレシピです。

カロリー　**91kcal**（1人分）

アレルギー食材

大豆

対象年齢　**2歳から**

食材まめちしき ━━━━ 上新粉

　上新粉は、うるち米を水洗いし乾燥させて粉にしたものです。餅米を乾燥させた白玉粉に比べると、粘り気が少なめで弾力のあるだんごが作れます。柏餅、すあま、ういろうのほか、せんべいの原料にもなっています。だんごはモチモチとした特徴から、小さな子どもには誤飲の危険もあるメニューです。子どもの咀嚼の発達や、提供の仕方をしっかり確認したうえで、味わいたいものです。豆腐を混ぜるとやわらかくなるので、アレンジにも工夫してみましょう。

活動のヒント

★調理の前に、上新粉をさわってサラサラした感触を体験します。小麦粉や片栗粉と比べてみるのもおもしろいです。

★丸めるところだけを子どもの活動にしてもよいでしょう。気軽に取り組むことができます。好きな形に成形して、粘土のような感触を楽しんでもらいます。

60

おだんご

準備するもの

材料・4人分（　）内は1人分
- ☐ 上新粉…100g（25g）
- ☐ ぬるま湯…100cc（25cc）
- ☐ きな粉…適量

道具
- ☐ 計量カップ
- ☐ はかり
- ☐ ボウル
- ☐ 蒸し器
- ☐ コンロ
- ☐ クッキングペーパー
- ☐ すりこ木
- ☐ スプーン

食器・食具
- ☐ 皿
- ☐ はし（または、フォーク）

作り方

1. ボウルに上新粉を入れて、ぬるま湯を加えながらかき混ぜ、粉っぽさがなくなってきたら手でよくこね、耳たぶくらいのやわらかさにする。

2. 蒸気の立った蒸し器にクッキングペーパーを敷き、**1** を手で 6 等分にちぎって並べ、25 〜 30 分蒸す。※入れるときは、蒸し器を火からはずす。

3. ボウルに **2** を入れ、すりこ木でよくつく。

4. 手に水をつけて生地がなめらかになるまでこねたら、食べやすい大きさに丸め、皿に盛って、きな粉をふりかける。

おだんごバリエーション

※ P.62 ～ 63 のカロリーは、分量全体のものです。

P.61 の材料と作り方を基本に、様々な行事のメニューにアレンジして楽しめるだんごレシピ。
園オリジナルのトッピングを考えても楽しいですね。

よもぎだんご

材料・8 個分
基本のだんご生地
乾燥よもぎ…3g
あんこ…40g

カロリー／ 472kcal
アレルギー素材／なし

1. 乾燥よもぎは水で戻してキッチンペーパーで絞って水気を切る。

2. 基本のだんご生地のプロセス **3** で **1** を加えてすりこ木でつき、丸めて中央をくぼませて丸めたあんこを詰める。

かしわもち

材料・8 個分
基本のだんご生地
こしあん…100g
柏の葉（製菓用）…4 枚

カロリー／ 517kcal
アレルギー素材／なし

1. だんご生地を 8 つに分ける。生地を手のひらで小判型や動物の形などに形を整え、あんをはさんで柏の葉で包んだり、トッピングしたりする。

ちまき

材料・8 個分
基本のだんご生地
笹の葉（大）…24 枚
たこ糸…適量

カロリー／ 362kcal
アレルギー素材／なし

1. 手に水をつけながらだんご生地を 8 個に分けて楕円形に丸める。

2. 笹の葉を横に 3 枚重ねて広げ、中央に **1** をのせて包み、くるくるとたこ糸で巻き、両端をキャンディーのようにしばる。

月見だんご

材料・12〜15個分

基本のだんご生地
食紅…少々

カロリー／ 362kcal
アレルギー素材／なし

1. 手に水をつけながら、だんご生地を丸めて重ねる。

2. 上にのせるだんご1個にキッチンばさみで切り込みを入れてウサギの耳にし、つまようじを使って食紅で目を描く。

材料・12個分

基本のだんご生地

A ┌ しょう油…小さじ4
  │ 砂糖…大さじ2
  └ みりん…70cc

水溶き片栗粉（片栗粉10ｇ＋
水大さじ1と1/2）

B ┌ 黒すりごま…大さじ3
  └ 砂糖…大さじ1

カロリー／ 772kcal
アレルギー素材／大豆・小麦

みたらしだんごとゴマだんご

1. 手に水をつけながら、だんご生地を丸める。

2. Aを小鍋に入れ、砂糖が溶けたら火を止める。水溶き片栗粉を入れ、かき混ぜながら弱火で煮てとろみをつける。

3. ボウルにBを入れて混ぜる。

4. 1のだんごに2や3をつける。

おしるこ

材料・4杯

基本のだんご生地の半量

A ┌ ゆであずき（缶詰）
  │   …1缶（430ｇ）
  └ 水…1カップ

カロリー／ 1118kcal
アレルギー素材／なし

1. 手に水をつけながらだんご生地を丸める。

2. Aを小鍋に入れて温め、器によそって1を入れる。

主な食品の 計量早見表

この表は、よく使われる食品の目安量をまとめたものです。
レシピと一緒に家庭向けに配布するなど、ぜひご活用ください。

食　品	小さじ 1 (5cc)	大さじ 1 (15cc)	そのほか(1カップ〈200cc〉、個数・枚数など)
調味料			
砂糖	3g	9g	
食塩	6g	18g	
しょう油	6g	18g	
料理酒	5g	15g	
みそ	6g	18g	
みりん	6g	18g	
酢	5g	15g	
植物油	4g	12g	
バター	4g	12g	
コンソメ	3g	12g	1 個 4g
はちみつ	7g	21g	
ソース	6g	18g	
トマトケチャップ	5g	15g	
カレー粉	2g	6g	
めんつゆ	6g	18g	
ジャム	7g	21g	
小麦粉	3g	9g	1 カップ 100g
片栗粉	3g	9g	1 カップ 120g
パン粉	1g	3g	1 カップ 45g
ごま	3g	9g	
けずり節		1g	

食　品	小さじ 1 (5cc)	大さじ 1 (15cc)	そのほか(1カップ〈200cc〉、個数・枚数など)
卵・乳製品			
鶏卵			1 個 60g
うずら卵			1 個 10g
牛乳	6g	15g	1 カップ 210g
マヨネーズ	4g	15g	
ヨーグルト	6g	15g	1 カップ 210g
コンデンスミルク	7g	21g	
大豆・大豆製品			
大豆（乾）		10g	1 カップ 145g
豆乳			1 カップ 200g
豆腐			1 丁 300g
納豆			1 パック 40 〜 80g
油揚げ			1 枚 20 〜 30g
米・めん類			
米			1 合 150g
うどん（生）			1 玉 200 〜 270g
うどん（乾）			1 束 100g
スパゲティ			1 皿分(1食分)80g
中華そば			1 玉 160 〜 200g
そのほかの食品			
ウインナーソーセージ			1 本 15g
ロースハム			1 枚 20g
ちくわ			1 本 90 〜 120g
はんぺん			1 枚 80 〜 120g

クッキング保育
まるわかりガイド

クッキング活動 **10** のステップ

クッキング活動の手順を 10 のステップにまとめました。
活動計画立案の資料としてもご活用ください。

ステップ ①

テーマやねらいを決める

季節、旬、行事などを念頭におきながら、クッキングを通して子どもたちが何を学ぶのか、どんな体験をすれば楽しいかを考慮し、テーマとねらいを決めます。

<具体例>
- テーマ 夏の野菜〜きゅうり、なす、トマト
- ねらい ・夏の野菜を、五感を通して観察し、
　　　　　名前を覚える。
　　　・夏の野菜を味わって感じたことを
　　　　言葉で表現する。
　　　・どんなふうに育った野菜なのか知る。など

ステップ ②

どんな料理を作るか決める

テーマとねらいを達成するために、具体的にどんな料理を作りたいか話し合います。子どもたちの欲求や発想の広がりを大切にしつつも、実現性のある料理を選べるよう、さりげなくアドバイスします。

また、保育者が作るメニューを決めておき、中に入れる食材を子どもたちと話し合って決めていく方法もあります。

ステップ ③

食材への興味を高める

楽しいクッキング活動にするには、導入がポイントになります。

実際に使う食材や絵本などを使ったり、オリジナルのパフォーマンスを加えたりして、食材への興味を高めます。さらにその食材が自分たちの体にどう役立つのかわかりやすく伝えます。

ステップ ④

調理の手順を伝える

調理の過程をポスターや紙芝居などを使って見せ、子どもたちがイメージと見通しをもって作業できるようにします。

また、実際に作って見せながら、道具の名前や使い方、注意事項などを伝える方法もあります。

おなべに入れまーす

もっと詳しく！
70〜71ページ
「子どもの興味を
高める導入」へ

時間配分を
おさえて
おこう

導入からあとかたづけは、おおよその時間を決めておき、スタッフにも伝わるよう、タイムスケジュールを見やすい場所に貼るなどの工夫を。

ステップ ⑤

調理器具の使い方やルールを伝える

　道具を使って見せながら、名前や役割、使い方を伝えます。使い方を誤ると危険があることをしっかり伝え、使い方の約束をします。また、調理中の危険についても約束を作って徹底します。

<具体例>
「先生の話をよく聞く」
「火のまわりでふざけない」
「順番を守る」
「調理中は立ち歩かない」
「指示が出るまで道具などにさわらない」 など

※導入で危ないイメージばかりが先行し、楽しい雰囲気がなくなってしまうのは考えものです。保育者が目を離さないことが大原則。

ステップ ⑥

身支度など、準備をする

　手を洗い、エプロンと三角巾を身につけます。
　手がきれいに洗えているか、三角巾やエプロンがきちんと着用できているか、保育者が確認します。

もっと詳しく！
72 〜 73 ページ
「子どもの準備」へ

ステップ ⑦

みんなで協力しながら調理をする

　基本的には子どものやり方を見守り、道具の使い方が違ったり、うまく扱えない子には個別に援助をします。作業が一人の子どもに集中したり、参加できていない子どもがいないように、声をかけます。
　失敗したときは、驚いたり大声をあげずに「大丈夫よ」と声をかけて安心させること。失敗を見越して材料を用意することも必要です。

ステップ ⑧

盛りつける

　「こんなふうに盛りつけるとお料理がすてきに見えるよ」などと話しながら、保育者が盛りつけの見本を見せます。自分で盛りつけることで、達成感が一層高まり、食べる意欲も増します。
　盛りつけのあとは、コップやはしなど、食べる道具の準備をします。

ステップ ⑨

食卓マナーを守って

　食事中は、自分たちで作った料理を味わい、楽しく食べることが第一ですが、「おなかと机の間はグーが入るんだよね」「手はどこに置くのかな？」などと言葉をかけるなど、マナーを守ることにも意識が向くようにしていきます。

もっと詳しく！
80 〜 85 ページ
「食卓のマナー」へ

ステップ ⑩

食後のあいさつをして、かたづける

　「ごちそうさま」をしてから、みんなで協力してかたづけます。お手伝いをしてくれた保護者やスタッフに感謝を伝えることも忘れずに。
　スタッフが洗いものをする場合は、食べた場所（テーブル）を子どもにきれいにしてもらいます。

もっと詳しく！
86 ページ
「あとかたづけのポイント」へ

**楽しかった、むずかしかった、がんばった、できた、そしておいしかったと
みんなで思いを共有して、クッキングは終了です。**

クッキング成功 5 つのポイント

クッキング活動を成功させるには、まず子どもの視点に立つこと、
そして保育者自身が楽しむことです。そのうえで、大切な5つのポイントをまとめました。

その1　集団でのクッキングは声かけから

幼児期は同じ年齢でも発達の度合いが個々に異なるため、その違いをきちんと考慮したうえで、「お手伝いしてみようか?」「あの子のやり方を真似してみようか?」などの声かけをし、子ども同士が協力し合える体制作りを整えます。

その2　子どもの好奇心をじゃましない

そばで見ていると危なっかしい手つきにハラハラするものです。安全面での配慮は第一ですが、あまり神経質にならず、好奇心を尊重して見守りましょう。ときには大人の「気楽さ」と「おおらかさ」が子どもたちの成長を促します。

その3　扱いやすい器具から使ってみる

包丁は3歳くらいから始めることも可能です。ただし、スタッフの人数が足りなくて不安を感じるようであれば、ピーラーや型抜きなどを取り入れてみましょう。星や花、動物などの楽しい型抜きを使うだけでも「クッキング」です。玉ねぎの皮むき、きのこをほぐす、葉っぱを洗うなど、子どもたちができそうなことから始め、少しずつむずかしいことに挑戦していきます。

その4　調理中の子どもの待ち時間を少なくする

お手伝いをしてくれるボランティア団体など、日ごろから地域との連携も密にしたいものです。

人数の多い園では、クラスごとに活動する日を違えるのも一つの方法です。また、1グループをなるべく少人数にしたり、調理器具を増やすことで、子どもの待ち時間を少なくするよう工夫します。

その5　スタッフ全員の気持ちを一つにする

不安材料がある場合には、遠慮なく言い合えるような、ふだんからの職員同士の関係も大切になります。

当日、子どももたちに目が届くよう、献立や、「包丁を使うか否か」などによってスタッフの人数を増やす、クラスごとに日程を変えて時間をかけておこなうなどを、事前の打合せでしっかり話し合っておきます。

成功のためのクッキング計画表

クッキング活動も、その他の保育活動と同様、「保育計画」を立てておくとスムースです。
事前の打ち合わせには、活動計画表を用意して、項目を埋めながら進めるようにしてもよいでしょう。

クッキング計画表

実施日	2013年7月7日	対象・人数	5歳・きりん組・20名

メニュー	七夕キラキラスープ	ねらい	・野菜にはどんなものがあるかを知る ・野菜の色、形に興味をもつ ・「元気な体をつくる」など、野菜の力を知る
テーマ	七夕の行事を祝う		

材料 （1グループ： 5人分）	トマト1個、オクラ2本、にんじん1/2本、ピーマン1個、 とうもろこし適宜、コンソメ
道具	包丁10本、まな板10枚、コンロ4台、鍋・ボウル各4個

進行手順	子どもへの配慮	注意すること
10：30　食材を確認する。調理の手順を伝えながら、器具の使い方、注意事項を説明する。 11：00　グループごとに調理を開始する。野菜を切る、鍋に入れて煮る。 12：00　食べる。	・手順の説明は、クッキングを始めることへの期待が膨らむよう、楽しい雰囲気で伝えるようにする。 ・調理中は、必ず1グループに1人保育者がつき、作業をしている子どもから目を離さない。 ・食事中は、調理で何が楽しかったか、むずかしかったか、味つけの感想などを話して、自分で作った満足感をより高められるようにする。	・包丁の扱いに注意し、危険がないかをチェック。 ・アレルギーのある子の再チェック。 ・子どもたちの表情を見て、参加できていない子がいないかをチェック。

感想・反省点	・クッキングに参加できず、おしゃべりしている子がいた。 ・意外とじょうずに包丁を使っていたので驚いた。 ・ピーマンをみんな残さず食べていた。

子どもの興味を高める導入

クッキング活動において、導入の果たす役割は大きく、導入段階で子どもに身につくものは
たくさんあります。また、導入次第で料理をする意欲に大きな違いが出ます。
その意味でも、子どもの興味をしっかりと引きつけような導入を目指したいですね。
クラスの様子や子どもの年齢に適した導入方法を検討しましょう。

実際の食材や調理器具を使って

　これから調理に使う食材を並べて、名前を伝えたり、
観察したり、ふれたりしてみましょう。
　調理器具も、持ったり、裏返したりなど、観察して
みましょう。
　絵本やシアター、クイズと組み合わせると、一層興
味が高まります。

絵本・紙芝居・シアターで

　献立や食材、活動テーマに応じた作品を選んで、読
み聞かせをします。ストーリーの魅力で、クッキングの
楽しさをいっそう高めます。どんな場面でも手軽に取り
入れられる方法です。
　仕掛けを使って、印象づけたいことを楽しく伝えるこ
とのできるシアターも効果的です。
　発展形として、保育者が劇をして、食材の知識やクッ
キングの手順を伝えてもよいでしょう。

クイズやゲームで

　食材や調理法に関するクイズやゲームで知識を楽しく深めます。

　年齢に応じた出題をこころがけます。

<具体例>
・食材の特徴をスリーヒントにして、当てっこする。
・箱や袋に食材や調理道具を入れ、その中に手を入れて感触で何かを当てる。
・食材を紙にくるんで、その形や重さから食材を当てる。
など

買いものや見学で

　お店に買いものにいく、畑を見学するなど、「食べものがどこから来ているのか?」を考えるきっかけにします。

　生産者やお店やさん、配達する人などに園に来てもらい、子どもたちに話をしてもらってもよいでしょう。

ポスターを作って

　クッキングの手順や道具の扱い方などを書いた大きなポスターを事前に用意し、説明に使います。活動終了後は、活動の写真やコメントを加えて、子どもたちのふり返りや保護者への報告にも活用できます。

図鑑やインターネットを使って

　実物を見せられないものについては、図鑑やインターネットを利用します。

子どもの準備 ～身支度と手洗い方法～

クッキング活動では、衛生面に配慮した身支度も大切な要素です。
ここでは、身支度と手洗いのポイントを紹介します。

子どもの身支度

家庭に準備をお願いするときは、
あらかじめ、おたよりや掲示で
具体的に伝えるようにします。

エプロン

丈は長すぎず、動きやすいもの。
ひもを結ぶものはほどけやすく
着用しづらいので、新たに用意す
るならゴムや面ファスナーのもの
が望ましい。

三角巾

頭の大きさに合ったもの。
後ろにゴムが入っていると
脱げにくく、子どもが自分で
かぶることができる。

三角巾から髪が
出ないようにする。
長い場合は、
髪を結んでおく。

爪は短く切っておく。
ケガをしている子は、
ばんそうこうなどを貼る。

手ふき用のタオル

手洗いのポイント

ふだんの手洗い以上にていねいに洗う必要があることを伝え、
洗い方も徹底します。

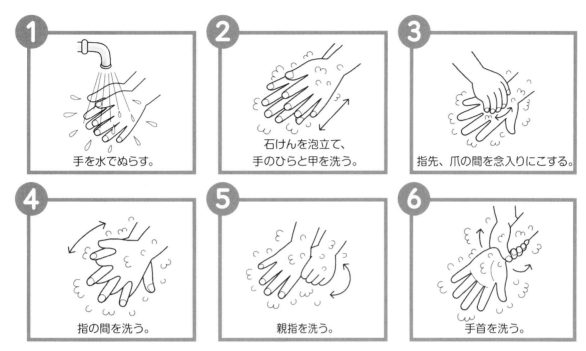

1. 手を水でぬらす。
2. 石けんを泡立て、手のひらと甲を洗う。
3. 指先、爪の間を念入りにこする。
4. 指の間を洗う。
5. 親指を洗う。
6. 手首を洗う。

手洗いの歌

歌に合わせて手を動かし、手洗いの仕方を楽しく身につけましょう。
実際に手を洗う場面でも活用できます。

作詞・作曲／竹田えり

てとてをあわせて ゴッ シ ゴ シーッ　てにてをのーせて シュッシュシュ シューッ　つめもきれいに ゴッ シ ゴ シ ゆび

さき も ゴッ シ ゴ シ （くすぐったーい） ゆ びのあ い だ と　おやゆび キュッ キュッ キュッ

て くびも わすれずに　あ ら い ま しょう　おみずで ジャー ジャー ゆすいだら

タオルでよー く ふきましょう　これでおてては ピッ カ ピ カ　うれし いな ー （イエイ）

救急セットの用意

思わぬケガに備えて、次のものを用意しておくと安心です。

ばんそうこう、防水フィルム（ケガややけどのケアに）、保冷剤（やけどの際の応急処置に）、毛抜き、はさみ、爪切りなど。

スムースな活動のための保育室設定

子どもたちの集中力がとぎれない、危険がない、スムースなクッキング活動のためには保育室の設定は大切な要素です。
園ごとに使いやすい配置は異なりますから、それぞれ、回を重ねる中で修正をくり返すことが必要です。
ここで紹介する事例を参考に、自分たちに合った設置を考えましょう。

導入用のコーナー

保育者を囲んで子どもが座る

手順の説明や食材を観察するなど、導入用のコーナーを設定するとよいでしょう。子どもたちが保育者の説明などに集中しやすくなります。

調理用のコーナー

保育者の指示が行き届くように配置する

それぞれのグループが何をやっているのか、保育者がぱっと見てわかるように机をセッティングします。
中央での声かけや指示が、子どもから見えやすいことも大切です。そのためには保育者も、立って作業ができるようにしたほうがよいでしょう。

調理コーナー

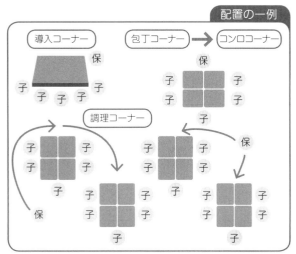

配置の一例

※保育者は、複数のグループを分担して受けもち、見ていく。

74

調理用のコーナー

包丁を使う、火を使うなどの
コーナーを別に用意する

安全なクッキングのためには、作業ごとにコーナーを分けることが有効です。

子どもや保育者の動線を考え、道具や作業をしたものを下げる(置く)ところも用意します。

特に包丁は個人指導が必要なのでコーナーを独立させて、使ったあとの包丁はすぐにかたづけます。

コンロコーナー

包丁コーナー

下ごしらえで包丁を使い終わったら、切る道具はかたづけ、火を使うコーナーにする。

2・3歳児向けの設定

テーブルはコの字にして保育者の後ろに何も置かず、子どもも含めて一目で把握できる設定にします。食材や道具は子どもの手の届かない、コーナーの内側に置きます。

道具の手の添え方や食材の扱い方を、援助しやすいよう、保育者が子どもの前や後ろにまわれるスペースを確保しておくことも必要です。

子どもの様子を確認しながら進め、落ち着かない子がいたら「次は○○をやるから少し待ってね」とすかさず声をかけるようにするとよいでしょう。

はじめての包丁レッスン **1** 包丁を知る

包丁の扱いは、はじめにていねいに指導をすることが上達のポイントです。
保育者自身、包丁の正しい扱い方を再確認し、
自信をもって子どもに伝えてください。

一般的な包丁とは？

現在、日本の一般家庭で広く使われている包丁は「三徳包丁」といわれるタイプです。これは日本で考案された包丁で、日本の菜切り包丁と西洋の牛刀それぞれのよいところを生かしており、肉・魚・野菜など幅広い食材を、用途に合わせて様々な形に切ることができます。

包丁の名称と特徴

刃先 (はさき)
包丁の先端。刃がいちばん薄く、いちばん切れ味が鋭い。
野菜の芯をくりぬく、肉のスジ切りなど、細かい作業に使う。

峰 (みね)
包丁の背にあたる部分。
にんじんやごぼうの皮をこそげ取ったり、魚のうろこを取るときなどに使う。

（刃先に近い部分）
そぎ切りやごぼうのささがきなどに使う。

金 (かね)
刃と柄をつないでいる部分。

（中央部分）
食材全般を切るときに使う。

（刃元に近い部分）
野菜の皮むきなどに使う。

刃元 (はもと)
柄に最も近い部分。
じゃがいもの芽をとるときなどに使う。

柄 (え)
握る部分。
木・樹脂など素材は様々だが、しっかり握りやすいものを選ぶ。

つのおきら

包丁の素材

包丁の刃には、数種類の素材があります。

鋼 (はがね)
重くて切れ味が鋭いが、さびやすい。そのため砥石でよく研ぐ必要がある。プロ向け。

ステンレス
切れ味では鋼に劣るが、さびにくく手入れがしやすい。一般家庭向け。

セラミック
軽くてさびないが、"焼きもの" なので衝撃に弱い。落としたり、かたいものを切ると刃が欠けることがある。

包丁の選び方

・子どもの手のサイズに合っていて握りやすいこと。

・よく切れること。

切れない包丁を使うと、よけいな力が入って思わぬ方向に刃がそれたり、
押して切ろうとして素材がすべったりして、かえって危険です。
使ったあとは必ずよく洗い、水気をきちんと拭いておくことも必要です。

安全な作業台の配置　　包丁とまな板の置き方は、導入段階でしっかり伝え、約束をしましょう。

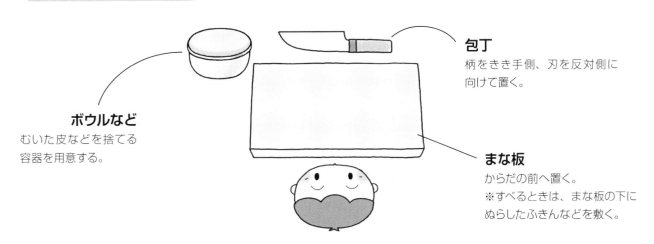

包丁
柄をきき手側、刃を反対側に
向けて置く。

ボウルなど
むいた皮などを捨てる
容器を用意する。

まな板
からだの前へ置く。
※すべるときは、まな板の下に
ぬらしたふきんなどを敷く。

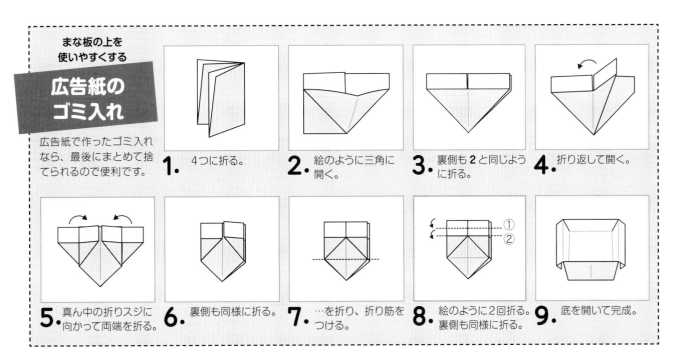

まな板の上を
使いやすくする

**広告紙の
ゴミ入れ**

広告紙で作ったゴミ入れ
なら、最後にまとめて捨
てられるので便利です。

1. 4つに折る。

2. 絵のように三角に開く。

3. 裏側も **2** と同じように折る。

4. 折り返して開く。

5. 真ん中の折りスジに向かって両端を折る。

6. 裏側も同様に折る。

7. …を折り、折り筋をつける。

8. 絵のように2回折る。裏側も同様に折る。

9. 底を開いて完成。

はじめての包丁レッスン 2　野菜を切る

最初は切りやすいものから始めて、正しい持ち方、扱い方を身につけます。
できたときは大いにほめて、自信につなげていきましょう。

包丁の持ち方と切り方

1　ネコの手で食材を押さえる

指を隠すように曲げて、食材を押さえます。
「お父さん指をお母さん指の下に隠してね」
「お料理はお母さんが得意だから、お父さんはお母さんの後ろで待っててもらおうね」
などと伝え、手の形をくり返しやってみましょう。

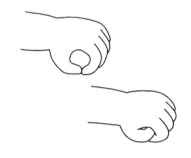

2　包丁の柄をしっかり握る

柄の真ん中より刃に近い位置を握るようにしますが、あまり近すぎると手が刃にふれることがあるので、注意します。

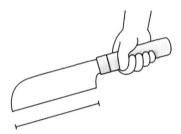

ままごとで包丁レッスン

本物の包丁を持つ前に、ままごとの包丁などで、具体的な使い方、注意点をしっかり学ぶようにするのも一つの方法です。
食材を紙に描いたレッスン用紙を作り、おままごとの包丁などを使って練習してもよいでしょう。
柄の部分をしっかり握ることや、「ネコの手」の添え方を身につけましょう。切る動作や包丁を置く場所なども、本物のつもりでやってみます。

野菜の下準備

初めて包丁を使う子どもには

きゅうり

縦半分に切り、さらに縦半分にする。

にんじん・大根

長さ10cm程度の細切りにする。

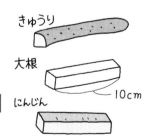

きゅうり
大根
10cm
にんじん

3 食材を切る

包丁は少し前方向に押すようにしてから、手元のほうに戻して抜きます。

> 包丁を前後に動かして、なんどもゴリゴリ✕
> 上から下に力で押して切る✕
> 切った食材を包丁で横によける✕

押さえる手は4本の指が食材に対して直角になる手の角度が大事。手のフォームを確認します。

> ここで、もし刃に食材がついても「刃には絶対さわらない！」ことを再度約束します。

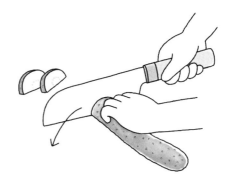

4 包丁を指定の場所に置く

使い終わったら、包丁を約束した場所に必ず置く習慣をつけます。

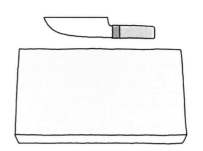

少し上達した子どもには

キャベツの葉

クルクル巻いて細長くする。

葉もの野菜

小松菜やほうれん草などはネコの手で押さえられる量ごと、ひとまとめにしておく。

包丁が上達してからチャレンジ

包丁についた食材のはがし方

「包丁の刃はさわらない」ことが基本ですが、5歳児クラスで、包丁の扱いに充分になれてきた場合は、切った食材を包丁の背から指で押してとる方法を伝えてもよいでしょう。

食卓のマナー 1　食事時の約束を確認をする

クッキング活動は、食卓のマナーを伝えるチャンスでもあります。
マナーは自分のためだけでなく、一緒に食べる人たちみんなが気持ちよく食べるための
約束だということを伝えていきましょう。

落ち着いた雰囲気で着席

クッキングで高まった子どもの気持ちを受け止めながらも、食べるときには
気持ちを切り替え、落ち着けるようにする配慮も必要です。
姿勢を正し、配膳を確認するだけでも不思議と気持ちは落ち着きます。

座り方

〇　椅子に深く腰かけ、
背筋を伸ばしてきちんと座る。

テーブルと体の間は、
握りこぶし1つぶんくらいあける。

背もたれに背中が
つくように深く座る。

座ったときに、ひじが
テーブルの高さになるように、
座る高さを調節する。

足の裏はしっかり床につける。
※床につかない場合は、マットなどを使って調節する。

食前・食後のあいさつ

食卓が整ったら、全員でまたはグループごとで食事のあいさつをおこないます。

「いただきます」の言葉の中には、作ってくれた人への感謝や、生きものの「命をいただく」ことが詰まっていることを話し、食べものを大切にしなければならないことを伝えていきましょう。

食べ終わったあとの、「ごちそうさま」のあいさつもしっかりと。

食べるときの約束

座り方や器の扱いなど、マナーにも意識を向けながら食事をします。

食べる前に食事時の約束を確認してから食べるようにしますが、「今日は、お茶碗を持って食べるのを忘れないようにしましょう」などと、その日にいちばん意識することを伝えて、一つずつできるようにしていくとよいでしょう。

 使っていない手をテーブルの下に入れたり、ひじをつかない。

 茶碗、汁椀は手に持ち、皿や小鉢は手を添える。

 食べている途中で立ち歩かない。

 口に物を入れたまましゃべらない。

食卓のマナー 2　正しい配膳を知る

茶碗やお皿、はしなどの正しい配膳も身につけたいですね。
食器はていねいに扱う、まっすぐに持って運ぶ、静かに置くなどもきちんと伝えていきます。

配膳の基本

和食の場合は一汁二菜、または一汁三菜が基本です。

副菜

野菜、果物、きのこ類
などを使った料理。

主菜

肉、魚、豆、卵などを
使った料理。

主食

エネルギー源となる、ごはん、
めん類、パン類、いも類など。

汁

だしを使ったみそ汁、
野菜スープなど。

盛りつけの注意

　残さず食べて気持ちよく「ごちそうさま」をするためには、自分が食べられる量を知ることが大切です。

　自分で盛りつけることで、食べられる量を意識することから始めてみるとよいでしょう。

　また、美しく盛りつけることでおいしそうに見えることも伝えていきたいですね。

「口中調味」を伝えよう！

日本の食卓は、白いごはんにみそ汁、おかずの組み合わせが定番です。おかずとごはん、汁ものを順番に食べる文化があるからこそ、おいしいと感じるのです。

しかし、おかずを先に全部食べてしまってごはんが食べられない、あるいはごはんだけ先に食べて食欲が満たされ、おかずにはしが進まない……という子も多く見られます。そのような子がいる場合は、保育者がおかず、ごはん（または、ごはん、おかず）の順に口に入れて、「おいしいね」と食べる姿を見せるようにしてみます。

食とマナーのQ&A

園だけでなく、保護者の方にも参考にしてもらえる質問事項を集めました。

Q 食べこぼしの多い子どもへの対応は？

A まず、姿勢はどうでしょうか。体が斜めに向いて座っていませんか。背筋がまっすぐで、体と机の間は握りこぶし1つぶんくらいあいていますか。「まっすぐ座らないと食べものがボロボロこぼれて、もったいないね」などと伝えながら、座り方を確認しましょう。

また、はしやフォークなど、食具はうまく使えていますか。手指の発達がともなわないと、それぞれの食具はじょうずに使えません。子どもの道具の使い方を観察して、必要なら一段階戻すなどの配慮をしましょう。

おしゃべりが多くて、食べることに集中できずにボロボロとこぼすこともあります。まずは、子どもをよく観察して、原因を見極めましょう。

Q マナーを守らせることと、楽しく食べることの境界は？

A マナーがよくないことを気にして直そうと口うるさくなれば、食べることが楽しくなくなります。どちらを優先したらいいか、悩みどころですね。

マナーは食を共にするまわりの人が気持ちよく食べるためにあります。口うるさく言われるから仕方なく言うことをきく、というのでは身につきませんし、食事も楽しくありません。

マナーが身につくまでは、食事の前に伝えるようにします。食事中は「怒る」のではなく、伝えながら保育者が手本を示す、という意識をもつことが大切です。

食事中にマナーを注意しなければならないときは、「ゴックンしてからお話を聞くね」「持ち方は、こうよ」など、楽しい雰囲気をなくさないような伝え方を心がけます。

Q 途中で立ち歩いてしまう子、食べるのが遅い子への対応は？

A まず、その子に合った量が盛りつけられているかどうかを確認します。食べきれないなどの理由で、途中でいやになって立ち歩く、いつまでも食べ終わらない、ということがあります。

盛りつける量を調整し、食べ終わるまで1時間かかっていた子なら、まずは45分ぐらいを目安に、少しずつ時間を短縮してみましょう。時計の針が「9」になったら「ごちそうさま、しようね」などとはじめに伝えて、時間がきたら残っていてもかたづけます。全部食べきれないなら、次の日はもう少し量を減らしてみて。

立ち歩く子にも、量の調節をしながら様子を見ましょう。時間までに全部食べ終わらなくてあとで空腹を訴えたら、「次はちゃんと座って食べようね」と、最後まで座って食べることの大切さに少しずつ気づけるような言葉をかけます。

食卓のマナー 3　正しいはしの持ち方・使い方

はしには挟むだけでなく、切る、裂く、ほぐす、などいろいろな機能があります。
あそびの中ではしの持ち方を伝えるなど、楽しく身につけられるように工夫しましょう。
保育者が正しく使って見せることも大切です。

正しい持ち方

● はしのまん中より少し上を持つ。
● はしの先をぴったり合わせる。
● 下のはしは動かさず、上だけ動かす。

<まちがった持ち方の例>

はしをグーで握っていて、
先が開かない。

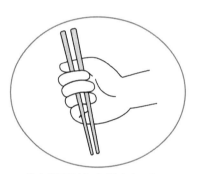

3本指ではしを動かしていて、
先が合わない。

手のひらで握っていて
はしがクロスしてしまう。

正しい持ち方のレッスン

1. 親指、人差し指、中指の3本でぱくぱくの練習。

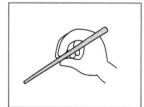

2. 3本指のまん中にはしを1本挟み、鉛筆のように持つ。

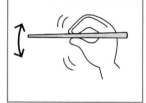

3. 挟んだまま、はしの先を上下させる。

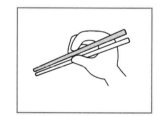

4. 親指のつけ根に下のはしを通し、薬指の先でささえる。

※スプーンやフォークを「鉛筆持ち」で使えるかどうかが、はしの練習を始める目安です。

やってはいけないはしの使い方

はしは昔、神様におそなえするときの神聖な道具として中国から伝わり、
奈良時代に普通の人々にも広まったといわれています。長い間使い続ける中で、
いろいろな決まりごとが生まれました。

踊りばし
おしゃべりに夢中になって、持っているはしをふり回してしまうこと

指しばし
おはしで人を指すこと

迷いばし
どれを食べるか迷って、皿から皿へはしを動かすこと

渡しばし
はしを使って食べものを渡すこと

立てばし
おはしをごはんに立てること

たたきばし
はしで器や食器をたたくこと

ねぶりばし
何も挟んでないのに、はしを口にくわえてなめること

にぎりばし
はしを持ったまま器を持つこと

刺しばし
食べものをはしで刺すこと

寄せばし
はしを使って食器類を動かすこと

5. 上のはしだけを上下に動かす。下のはしが動かないよう、保育者が押さえる。慣れてきたら、下のはしを押さえず、一人で動かす。

あそびの中で、はしに慣れよう

食事中に注意が多すぎると、食べる意欲を損なうことも。なかなか使い方に慣れなかったり、じょうずに使えない子は、あそびの中で練習するとよいでしょう。

＜こんなものをつまんでみよう＞

スポンジのおかず
（ハートや三角など2〜3cm角くらいに切ったスポンジ）
➡ 少しだけはしを動かせたらOK。

フェルトのおかず
（フェルトを縦5cm横2.5cmに切り、手綱こんにゃくのようにする）
➡ 少し力が入るようになったら。

豆
（大豆や小豆、うずら豆など、大きさの違うもの）
➡ 4歳児以上がじっくりと挑戦。

※ただつまむだけでなく、浅いお皿を用意し、まずは1つから入れてみるようにすると、目標がわかりやすく、できた達成感が自信につながります。

あとかたづけのポイント

かたづけまでがクッキング活動です。
環境のことを考えて水を大切に使うこと、ゴミを分別して捨てることを伝えていきたいですね。

かたづける場所を用意

机を用意して、使った食器を置ける場所をつくっておきます。
皿、茶碗など、食器ごとに分けてかたづけられるよう、絵
や文字で示しておくとよいでしょう。

グループごとにかたづける

一人ひとりかたづける方法もありますが、グループごとに器
をまとめてかたづけるようにしてもよいでしょう。食べた場所
でグループごとに、同じ器ごとに重ねます。
油で汚れているときは、古い布やいらない紙などで拭きとっ
てから重ねます。

食具類はトレーやかごを用意

はしやフォーク、スプーン類は、小さなトレーやかごを用意
して、同じものを入れるようにしましょう。
向きをそろえて入れる習慣も身につけます。

役割を分担

お皿を運ぶ人、スプーンを運ぶ人、ゴミを捨てる人、テーブルを拭く人など、
かたづけを分担してみます。

5歳児は「洗う」に挑戦！

子どもにも扱いやすいアクリルたわしで自分の食器を洗います。洗いおけ、ま
たはボウルに水を入れ、お皿をつけながらアクリルたわしで汚れをこすり、流水
で流します。

ままごとで 「洗う」まねっこを！

片手に食器、もう一方の手
にたわしと、左右の手で違
う物を持って動かす作業は
案外むずかしいものです。
クッキング活動に取り入れる
前に、お皿をスポンジで洗
うのをあそびに取り入れま
す。あそびなら、3, 4歳児
から経験できます。

子どもの主な活動と調理道具

子どもがクッキング活動を充分楽しむには、いろいろな作業が体験できることも大切です。
子どもにできる作業と使える道具を把握し、活動テーマに合ったものを選びます。

下ごしらえ

洗う	ボウル・ざる
（ヘタを）取る	竹串
むく	ピーラー
割る	ボウル
計る	計量スプーン・計量カップ・はかり
注ぐ	計量カップ・おたま

成型

混ぜる	ボウル・泡立て器・木べら・ゴムべら・スプーン・菜ばし・ミキサー
する	すり鉢・すりこ木
おろす	おろしがね
切る	包丁・はさみ
練る	ボウル・木べら・ゴムべら・スプーン
つぶす	ボウル・マッシャー・すり鉢・スプーン・フォーク・すりこ木
伸ばす	まな板・めん棒
（型を）抜く	まな板・型

加工

蒸す	蒸し器
焼く	フライパン・コンロ・ホットプレート・オーブントースター
炒める	フライパン・コンロ・ホットプレート
ゆでる	鍋・コンロ
干す	ざる
炊く	炊飯器・鍋・コンロ
炒る	フライパン・コンロ・ホットプレート

仕上げ

しぼる	絞り袋

●そろえておきたい調理器具チェックリスト

☐ボウル	☐ざる	☐すり鉢	☐すりこ木	☐泡立て器	☐木べら	☐ゴムべら
☐スプーン	☐菜ばし	☐包丁	☐まな板	☐計量スプーン	☐計量カップ	☐はかり
☐バット	☐おろしがね	☐おたま	☐ターナー	☐はさみ	☐しゃもじ	☐めん棒
☐ピーラー	☐鍋	☐フライパン	☐蒸し器	☐型	☐竹串	☐ビニール袋
☐ラップ	☐ホットプレート	☐コンロ	☐オーブントースター	☐冷蔵庫	☐炊飯器	☐ミキサー

スタッフ

料理考案・製作／神みよ子

指導／菅野満喜子

栄養計算／相澤菜穂子

撮影／山本明義

　　　　金子吉輝（DUCKTAIL）

スタイリング／伊藤由美子

モデル／生駒星汰

　　　　宇多翔輝

　　　　七尾優衣

　　　　原　煌翔

　　　　平岩伽野

　　　　宮永柚葵

　　　　（以上、セントラル子供タレント）

　　　　阿部博俊

　　　　山中　陽

　　　　山本亜海

　　　　若井慎斗

　　　　若林みひろ

協力／台所のある幼児教室こんぺいと

　　　新田保育園（東京都足立区）

イラスト／ヤマタカマキコ

　　　　　佐藤道子

楽譜／from30

装丁・本文デザイン／石川由里子

編集協力／グループこんぺいと

編集／上井美穂

子どもと作る！ かんたんクッキング

2013年9月1日　初版発行　©

発行人　　竹井 亮

発行・発売　株式会社メイト

〒114-0023　東京都北区滝野川 7-46-1　電話 03-5974-1700（代）

製版・印刷　図書印刷株式会社

JASRAC　出 1309502-301